阿尼玛

蔡智恒 作品

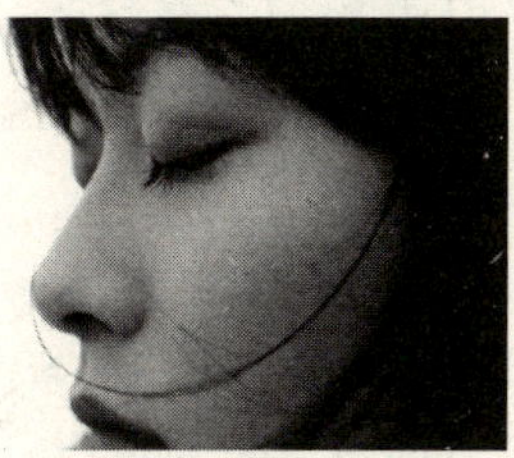

北京联合出版公司
Beijing United Publishing Co.,Ltd.

图书在版编目（CIP）数据

阿尼玛／蔡智恒著. —北京：北京联合出版公司，2014.1

ISBN 978-7-5502-2667-8

Ⅰ.①阿… Ⅱ.①蔡… Ⅲ.①言情小说－中国－当代 Ⅳ.①I247.5

中国版本图书馆CIP数据核字（2014）第026177号

北京市版权局著作权合同登记号：图字01-2013-8742号

中文简体字版2014由北京磨铁图书有限公司发行

阿尼玛

作　　者：蔡智恒
选题策划：北京磨铁图书有限公司
责任编辑：王　巍
装帧设计：lemon

北京联合出版公司出版
（北京市西城区德外大街83号楼9层　100088）
北京慧美印刷有限公司　新华书店经销
字数259千字　880毫米×1230毫米　1/32　印张9.5
2014年3月第1版　2014年3月第1次印刷
ISBN 978-7-5502-2667-8
定价：29.80元

目录

致内地读者的一封信

似乎好久没说话了，但又有很多话想说。

不是很容易整理出头绪，我尽量整理。

如果文字太杂乱，请别见怪。

以前我每完成一部作品，大约会有两个礼拜的蜜月期。

那期间内，我会觉得怎么写得那么好，万一以后写不出来了怎么办？

然后开始担心，担心我长这么帅、人又潇洒、个性善良低调、做事认真负责、遵守交通规则、孝顺父母……现在又写出这么好的小说，会不会短命？

但过了蜜月期后，再检视自己的作品，便发觉我还是可以长命百岁。

《阿尼玛》的蜜月期比较长，起码将近一个月。

虽然我的行文风格大致没变，但叙事口吻比较像十多年前的我。

或许在《阿尼玛》的写作期间，我常会想起那时候的我吧。

对我而言，大约在2000年到2001年之间，创作力最旺盛。

可惜那期间正好是“忙着从博士班毕业”“拿到学位准备求职”“刚正式成为研究员”这三个阶段，我无暇创作。

所以我一直压抑住想写东西的念头。

而那期间曾经想写过的东西，到现在几乎都不记得了。

我是这样的，不会随身带笔记本或是录音笔记下想法或想到的文字。

如果突然有想写的东西（或许就是所谓的灵感），我只能记在脑中。

一旦时间久了，大概都会忘光。

还好计算机中有个档案叫“无.doc”，刚好在用计算机又刚好有想法时，我会顺手记上几句。

目前为止，“无.doc”里还有东西等待完成，长的、中的、短的都有。

有时我会觉得可惜，因为没记录下来的更多。

记录在“无.doc”的文字不多，而且琐碎。

这么说好了，《阿尼玛》这篇十几万字，但在“无.doc”里相关的文字只有几百个字。

其他的故事大约也是如此。有的甚至只留了一句话。

简单说，记录这些文字只是想提醒我，曾经想写什么东西。

1998年出了《第一次的亲密接触》后，不断有人劝我以写作为正职。

但我始终没有身为作家的自觉，也没有作家的心态，现在也是。

当然如果你认为出了书就算作家，我不会反驳你。

我只是说，我没有作家的自觉和心态而已。

而且我一直有别的工作，那种工作跟写作一点关系也没。

我很感谢一路陪我走过来的人，是多是少我不知道，但我很感恩也很感动。尤其当我回头时看见有人默默跟随。

请原谅我无法说出“多谢你们的支持，我一定会更加努力不辜负你们的期待，我爱你们，要继续支持我喔”这类的话。

因为写作者通常是站在舞台上最不容易被灯光照射到的角落，所以我无法像站在闪亮的舞台中央，对台下观众深深一鞠躬的歌者。

我只是很感恩你对我文字的喜爱，但这只能放在心中。

既然没有作家的心态和自觉，那么我的习惯也与一般人没太大差异。

我认识一些写作者，总是笔记本电脑不离身，或是随身带笔记本。

他们随时都在为写作准备，并尽可能记下脑中快速闪过的文字。

他们在乎哪里适合写作，也在乎写作题材，更在乎如何提高写作能力。

但我不一样。

因为我可能跟你没什么两样。

我生平第一台笔记本电脑是出版社送我的，那是1999年的事了。

那时笔记本电脑超贵，那台又是IBM，大约要十万块台币。

我跟他们说：折合成现金吧。但他们以为我在开玩笑。

其实我真的觉得干脆给我钱，即使只是一万块台币也好。

那台笔记本电脑大约用了八年，我却只用来玩游戏。

我从来没用那台电脑上网，也从来没用它写过一个字。

一个字都没有。

十几年来的生活模式总是这样的，平时忙得很，不管是教书、作研究或带研究生，甚至是兼了学校的行政职。

勉强挤出一段时间后，才开始写东西。

刚动笔时，通常已经隔了一年左右没写过字，因此总是卡卡的，一个礼拜写不出几百字。

但我的生活模式又不允许我养成固定写作的习惯，所以十多年来我的写作量其实不大。

也随时会觉得不写了也无所谓。

刚动笔写《阿尼玛》时也是如此，卡卡的，挤不出几个字。

又因为不仅得教书还兼了行政，烦心事务多，心情很难稳定，写作就更不顺了。

写作不顺时就会开始想，我到底为什么要写？

我一直强调我是个幸运的人，而幸运的人没有抱怨的权利。

所以我不能抱怨些什么。

不过有时候我会觉得累，那是一种心态上的疲累。

所幸这段尴尬期并不长，我渐渐可以让脑中的想法化为流畅的文字。

而在写作过程中，我也莫名其妙想起一些曾经忘记过的东西。

因此《阿尼玛》对我的最大意义，已经不在于写得好或不好，而是它让我想起以前那种很想写点什么的冲动，也让我想起多年前出现在脑海但从未被记录下来的东西。

1998年我29岁，因为《第一次的亲密接触》让我的人生突然大转弯。

这十多年来，我努力握住方向盘，不让自己的人生走偏。

虽然被视为畅销作家，但我一直守住我的本分，待在专业领域里。

即使不断被劝说该朝名利双收的“作家”这方向走，我还是选择属于我自己的位置，安静地待着。

有时回想起来，会觉得在这变动剧烈的世界里，保持一种不变，是件令人感动的事。

所以，我很感动。

我很感激你的一路陪伴或是默默注视。

多谢你的错爱，我很惭愧，但由衷感激。

我会努力，也会尽量，不管是写作或是装死。

但我往后人生的最大安慰，仍是看到学生们在午后阳光下所展露的灿烂笑容。

那是我的方向，也是归宿。

而我和你将是在路途中擦身，然后相视而笑的伙伴。

就说到这儿。夜很深了，容后再叙。

请原谅我，虽然尽力了，但我或许没有把写作能力发挥到最好。

也请给我一些时间，我会更努力写好下一部作品。

感恩。

Chapter 1

栀子花女孩

眯着双眼望向窗外，破晓的蓝天在我眼里却是一片迷蒙。

左肩挂着书包，垂下的左手提着袋子，右手举高紧紧拉住吊环。

随着公交车加速、刹车、左弯、右转，右手奋力抵抗牛顿第一运动定律——惯性定律所带来的影响，以确保我在这拥挤的公交车内仍能一派悠闲直挺挺地站立着。

我每天清晨搭公交车上学，45分钟的车程我总是处于半梦半醒状态。

全身上下大概只有一条神经完全清醒，那条神经直接控制我右手。

我让右手保持清醒，身上其他部分则继续早上未完成的睡眠。

这城市的街道比刚睡醒的头发还乱，路况比孟尝君的食客还杂，因此公交车的行进像多数人的人生一样，通常很坎坷。

也许是直行途中才想起应该要右转一样，公交车突然向右过了个发夹弯。

睡眼惺忪的我猝不及防，被惯性定律打败，原地向左逆时针转了一圈。

那是个完美的360度转圈，说不定比国标舞冠军舞者的转圈还要完美。

我吓了一跳，瞬间清醒，不由自主睁大眼睛。

坐在我面前的女校学生抬起头看着我，眼神中似乎带点笑意。

我赶紧躲开她的视线，定了定神，假装若无其事看着窗外。

眼角瞥了瞥，有几个坐着的女高中生嘴角还残留着笑意。

好糗。

更糗的是吊环被逆时针扭了一圈后，便有股力道想往右顺时针转回。

物理学上说这叫恢复力矩，我的右手得费很大的劲儿去镇压这股力道。

万一公交车又突然转弯而且是左转，在惯性定律和恢复力矩的合击下，搞不好我会一口气向右顺时针转两圈。

如果这样的话，那些女生恐怕会失控狂笑，笑声撼动整辆公交车。

而我以后大概也没脸坐公交车，只能去跳国标舞了。

那么先把手放开等吊环转回，再伸手拉住吊环呢？

依据莫非定律，当我右手放开吊环的瞬间，公交车就会紧急刹车，然后我会扑倒站在我前方看似营养不良的女高中生。

我17岁的人生像白开水一样，虽然平淡，但很健康。

我可不想因为在公交车上扑倒一个女生而被视为痴汉。

右手开始有些酸麻而微微颤抖着，提着袋子的左手也很难去救援。

我想应该不会刚好那么倒霉，干脆放开右手吧。

但如果你没有正视最不想面对的事，事情就会往你最不希望的方向走。

这也是种莫非定律。

搞什么啊，一向在公交车上脑袋放空的我，竟然会在此刻想这么多。

我仿佛陷进一场无路可逃的悲剧中，只能胡思乱想。

“同学。”

我隐约听到混杂在公交车低沉引擎声和乘客交谈声中的细微呼唤。

那声音虽然近在耳边，却是遥远而模糊，感觉不太真实。

我反射似的寻找声音来源。

“同学。”坐在我面前的女生抬起头，伸出右手说，“书包给我吧。”

“嗯？”我愣了愣，双眼盯着她。

“书包。”她指了指垂挂在我左肩的书包。

“喔。”我应了一声后，竟然毫不犹豫地想用左手拿书包给她。

还好左手提着袋子，袋子的重量阻止了我这种近乎下意识的动作。

我身子晃了晃，但书包还挂在左肩。

“袋子先给我吧。”

她伸出的右手转而朝下，接触到袋子的瞬间，我便像触电般松开左手。

她把袋子直放地上用双膝夹住，再伸出右手说：“书包。”

我左手举高至左肩拿下书包，再伸长左手递给她。

她双手接过书包，端正平放在双腿上。

“谢谢。”她说。

我心头一震，右手突然松开吊环，吊环唰的一声迅速转回。

公交车不仅没有紧急刹车，而且还异常平稳地前进，像是静止不动。

我从悲剧中逃脱，右手也重获自由。

但我右手居然忘了要再拉住吊环，反而是缓缓垂下。

我感觉所有的负重都不见了，身心都是，整个人轻飘飘的。

有那么一段时间，或许只是十几秒，我忘记正身处拥挤的公交车上。

淡蓝的天、橙色的阳光、温和的风、眼前散发青春气息的女孩，我仿佛是要出发到远处旅行，而不是要到学校上课。

直到公交车按了声喇叭我才回到现实，右手赶紧再举高拉住吊环。

我暗叫好险，然后思考刚刚发生了什么事。

为什么这女孩只说“书包给我”，我想也没想便双手奉上？

万一以后我碰到抢劫犯时，是否也会如此干脆爽快？

她当然不是抢劫犯而是好心的女孩，也许她拥有赤道烈阳般的热心，才会在这拥挤的公交车上主动帮助我，我应该要感激她。

但竟然是她说声谢谢，而我没说半句话，没点头示意，也没报以微笑。

我突然感到惭愧，脸颊似乎被赤道烈阳晒到发烫。

我想开口向她道谢，但始终抓不到好时机。

公交车左右各一长排座位，坐着的人通常略低下头，视线30度向下；站着的人视线习惯朝着窗外，即使视线朝下也不会超过15度。

双方避免视线接触，一旦视线不经意相对，也会像同性相斥的磁铁，一靠近即弹开。

我的视线已从窗外逐渐下移至她的头发，但她的视线还是30度向下。

我不想直接叫她，只能等待她抬起头接触她的目光。

在等待的时间里，我偷偷打量着垂下头的她。

我只能看见她的侧脸、黑发，还有染上阳光而呈现淡黄的发梢。

她的肤色有些苍白，脸颊泛着一抹红，好像有那么一点混血儿的味道。

或许只是因为她没睡好导致脸色苍白，而脸颊的红是由于阳光照射，但对此刻的我而言，只觉得她一定和别的女高中生不同。

即使再平凡不过的黑发，我也觉得她的发色格外乌黑柔顺，而发丝在她白皙脸庞画下的线条也特别迷人，像工笔国画。

公交车司机突然轻踩刹车，脑袋正在欣赏国画来不及下指令给右手拉紧吊环，于是我失去平衡重心前倾，右臂稍微碰触到那个营养不良的女生左臂。

她竟然往前弹开一步同时大叫一声，然后转头看着我，我很错愕。

莫非我早上吃的是天山雪莲，导致内力突飞猛进一甲子？

而坐着的混血高中生也刚好在此时抬起头来。

“抱歉。”我先对着营养不良的女生说。

“谢谢。”我再对着混血的女生说。

营养不良的女生应该只是吓了一跳，把头转回维持原先的站姿。

反而是混血女生的眼神有些疑惑。

“谢谢你帮我拿书包。”我指了指搁在她双腿上的书包。

“不客气。”她说，“举手之劳而已。”

举手之劳可能很劳啊，像我此刻的右手。

我再点个头，她微微一笑，然后我们各自回到习惯的视线。

这是我第二次看到她的正面，印象更深了些。

她戴着银色金属框眼镜，玻璃内的双眼明亮，眼神有些深邃。

小而坚挺的鼻子，薄薄的嘴唇，异常白皙的脸庞双颊泛着红。

除了眉毛被眼镜遮住看不清楚外，整体而言她的长相很清秀。

其实我应该常遇见她，毕竟我和她都是搭同一路公交车上学。

只是我一上车右手拉住吊环后，眼睛就闭上、脑袋就放空，即使每天都有衣衫不整的绝世大美女跟我同班车，我也不会有印象。

真可惜，若是早点认识她，或许我的日子会过得不太一样。

虽说不期待浪漫的发展，也不该在巨大升学压力下节外生枝认识女孩，但如果在清晨的公交车上遇见她，起码一整天的心情都会很好吧。

学校快到了，停车后我该如何优雅而不失潇洒地开口向她要回书包？

虽然只是初识，但我很想给她留下美好的印象，这是我的生物本能。

我在脑中快速模拟了几种姿态和语气，但都不甚满意，心里有些慌。

公交车终于停了。我突然紧张了起来，脑袋一片空白。

“你到了。”她反而先开口，双手捧着书包递给我。

“谢谢。”我双手接过书包背带，左手熟练地把书包挂上左肩，问，“你怎么知道我到了？”

她正低头弯腰想拿袋子给我，听到我的问句后，微微一愣，动作暂停。

我猛然醒悟，暗骂自己白痴，我的书包和袋子早已说明了一切。

就像她身上穿的制服也让我不必发问就立刻知道她就读的学校。

我想她应该会以为我在装傻，也许还会认为我很无聊。

我赶紧伸出右手想拿回袋子，逃离这个窘境。

右手伸到一半才惊觉我的目标靠躺在一片深蓝色的海中，我瞬间僵住。

那是女孩的裙子啊，就这么伸过去太失礼了。

而且万一右手伸得长了、准头偏了碰到她的大腿，那事情就大条了。

“喏。”她恢复动作，抬起头右手提着袋子，嘴角带着浅浅的笑，“印着你学校名字的袋子给你。”

我脸颊发烫，右手接过袋子，忘了再说声谢谢，匆匆下了车。

下车后我站在原地目送公交车的背影，直到公交车在远处右转为止。

公交车右转后再过四个红绿灯，就会到她的学校。

我有些恍惚，像刚从一场深沉的梦中醒来一样，还分不清梦境和现实。

也许方才发生在公交车上的一切只是昨晚的梦的续集，而现在踩在地上的我，才算回到真实的世界。

“发什么呆？”路过的班上同学敲了一下我的头，“还不快走！”

而且是悲惨的真实世界。

今天上课时一直为了那个鸟问句而耿耿于怀，而且愈想愈气。

这跟打电话到别人家里问他家里电话号码的人一样，同样都很白痴。

体育课上跳箱，双手要撑住跳箱的瞬间，心头竟浮上那个鸟问句，害我跳箱变撞箱，五层叠高的箱子被我撞成五块分散的箱子。

“你一定觉得自己是白痴吧？”坐我旁边的同学问。

“你怎么知道？”

Shit！被这个问句封印了。

放学等公交车时，原本期待能再跟她同班车，但这种期待跟刚出生孩子的脐带一样，很快就被剪断了。

毕竟每所学校放学时间不一样，而且很多人会去补习而不是直接回家，因此跟她同班车的概率很低。

更何况这时的公交车比上学时还挤，乘客也混杂了一些下班的人，即使我们上了同一班车，大概也很难发现彼此。

算了，上车后还是闭上眼睛养养神比较实在。

隔天上学时决定从此要睁开眼睛，可惜并没有在车上看见她。

虽然有点小失落，但我相信只要我睁开眼睛，要遇见她并不难。

为了避免上学迟到，我可以选择的班次很少，我想她也是如此。

既然每天清晨都得搭同一路公交车，那么常碰面是理所当然的事。

果然再隔了一天后，我又在上学的公交车上遇见了她。

我上车时座位通常已坐满，但站着的人只有五六个。

从公交车后门上车后，我会转身往车尾走四步，再右转身面对车窗，然后举起右手拉住吊环，稳住重心，视线水平朝着窗外。

当我视线缓缓四处游移时，我看见她就坐在我面前，视线30度向下。

我发誓，我是先走四步再看见她，绝不是先看见她再走四步。

公交车内的空间似乎变宽阔了，我的心情也因而舒展开来。

早晨的空气是如此清新，每呼吸一次，胸口的肌肉便松弛一分，而阳光掠过皮肤时是如此温柔，感觉皮肤上的汗毛都被梳得服帖。

我打心底觉得，可以同车上学是一件幸福的事。

营养不良的女生在下两站上车，从这站开始，公交车便显得拥挤。

但不管公交车是否挤到爆，我站着的空间依然非常宁静。

硬要形容的话，我站着的地方就是公交车内的桃花源。

“书包。”

我又听见她的声音，这次听得非常清楚。

我略低下头，视线俯角30度，与她30度仰角的视线共线。

“还是袋子先吧。”她微微一笑，伸出右手。

“嗯。”我竟回答得理所当然，然后把提在左手的袋子递给她。

绿色的袋子直放地上，被深蓝色温柔的海洋包围住。

“接着是书包。”

“嗯。”我左手从左肩卸下书包，她伸长双手接住。

绿色的书包平躺在同一片深蓝色的海上。

“谢谢。”我说。

“不客气。”她说。

我嘴唇微张，想再多说点什么，她则礼貌性地等候我开口。

我始终想不出适当的话语，只好闭上嘴，对她微微一笑，再点个头。

她也报以微笑。然后我们的视线缓缓分开。

这次视线相对的时间比上次久一点，她的相貌我可以看得更清楚。

白皙的肤色和双颊的粉红依旧，嘴唇在脸上画出的线条很利落。

鼻尖在雪地里微微耸立，海拔虽然不高，却很笔挺。

瞳孔的颜色很淡，像加了太多牛奶的咖啡一样，呈现淡淡的褐色。

也许是眼镜的关系，透过玻璃再加上阳光的反射，瞳孔的颜色便失真。

但我直觉地认为，搞不好她真的是混血儿。

剩下的30分钟车程，我望着窗外看看这城市，偶尔让视线四下乱飘。

上学时间比上班时间早了约一个钟头，因此清晨公交车上几乎都是学生。

行李架上也满满摆放着学生的书包和袋子。

以现在而言，我的视线范围内都是学生，最大的差别是书包的颜色。

营养不良的女生站在我前方，但我们之间还隔了一个跟我同校的男生。

这女孩太瘦了，以致她的书包和袋子看起来特别沉重。

如果紧急刹车，那么她可能会飞出去，而书包和袋子则会留在原地。

公交车开始减速，我的学校快到了，这次我一定不能再搞笑了。

我低下头想拿回书包，发现她双手捧着我的书包，似乎已经准备好了。

“谢谢。”我赶紧说，同时伸出左手握住书包背带。

绿色书包先离开深蓝色的海，我将它挂回左肩。

然后她提着袋子递给我，为了避免碰触她握住袋子提手的手指，我紧抓住袋子的右上角，让绿色袋子离开深蓝色的海，回到我的左手。

我发现她手臂的肤色似乎更白皙，于是手背的青筋显得格外翠绿。

她也许是混血儿的想法又再次浮现。

“请问……”转身下车前，我终于忍不住问，“你是混血儿吗？”

“不。”她说，“我只是贫血。”

我愣了愣，回神后匆忙下了车，有点狼狈。

下车后我又呆在原地，目送公交车的背影愈来愈远、愈远愈淡。

现在是怎样?

我一定要在下车前问鸟问题吗？不搞笑会死吗？

“又发呆！”路过的班上同学敲了一下我的头，“走啦！”

好痛啊，我又回到悲惨的真实世界。

只说声谢谢就下车很难吗？为什么我非得发问呢？

上课时压抑不住满腔悲愤，握笔的手因太过用力而颤抖着。

“啪”的一声，我竟然把铅笔弄断。

“你是白痴吗？”坐我旁边的同学问。

“是的。”我很用力地点了点头。

决定了。

下次碰面时，除了说谢谢外，什么话都别说。

不过只说谢谢太单调，应该混搭着用感谢、多谢、感恩、Thank you。

嗯，就这样。

下次遇见她时隔了四天，中间有假日。

但我的意志非常坚强，绝不会忘记我的决定。

我一上车就定位右手拉住吊环后，发现她又坐在我面前。

心里才刚闪过“真好”的念头时，她便抬起头。

“书包。”她说。

我吓了一跳，不知作何反应，下意识看了看四周，车内还很空啊。

我一直以为她帮我拿书包的先决条件是公交车基本上处于拥挤的状况。

“我又忘了。”她笑了笑，“还是袋子先吧。”

“谢谢。”我回过神，左手把袋子交给她。

“然后是书包。”

“感谢。”我再把书包交给她。

她又笑了笑，然后低下头，我注视她三秒后，才赶紧将视线投向窗外。

一直到快下车前，我心里始终纳闷着。

“书包。”车停的同时，她双手将书包递给我。

“多谢。”我左手接过书包背带，利落地甩上左肩。

“袋子。”

“感恩。”我小心翼翼抓住袋子右上角，避免碰触她的纤纤素手。

转身下车瞬间，我想到还有一个词没用，便回头说：“Thank you。”

“其实我是中美混血哦。”她突然说。

“是吗？”我的决定破功了，又用了问句。

“因为我父亲是台中人、母亲是美浓人，所以我是中美混血。”

她说完后，我整个人呆住，无法动弹。

愣了几秒后才猛然想起要赶快下车，于是跌跌撞撞地奔下车。

她是开玩笑的吗？她是在开玩笑吧？是吗？是吧？

目送公交车的背影时，心里还在琢磨着。

啊，没错，虽然难以想象，但她刚刚确实开了个玩笑。

她竟然跟我开玩笑？这是否意味着我跟她已经不只是初识了？

没错，虽然还是难以想象，但起码在她心里我应该不再完全陌生。

身后隐约传来杀气，我立刻低下头，这次终于没被敲头了。

从那次开始，只要我一上车遇见她，她便会帮我拿书包。

不论公交车内是否拥挤。

除了刚上车时她说“袋子”“书包”，我说“谢谢”外，45分钟的车程中，我们不做任何交谈，视线也很少接触。

倒是我要下车时，偶尔会聊两句，不多不少，就是两句。

“我是道道地地的台湾人哦。”她说。

“喔。”

“上次是开玩笑的。”

“嗯。”我笑了笑，“我知道。”

我转身下车，觉得这种Ending很完美。

“下车小心。”她的声音从背后传来。

我不禁回过头看着她，有点难以置信。

她没再说话，只淡淡笑了笑，左手指了指公交车前方。

我立刻醒悟，转身加快速度，钻出一条路下车。

不知道是她的叮咛还是早晨的阳光，下车后我觉得整个人暖洋洋的。

从此在遇见她的日子里，“下车小心”总是伴随着我下车。

以前由拥挤的公交车内下车时，难免会跌跌撞撞，有时甚至是狼狈不堪。

而下车后踩在地面时，肩上和手上的负重会提醒我升学压力的存在。

但她这句叮咛即使只是单纯的客套，也会让我下车时的心情从容笃定。

我甚至会有身上的负重减轻了的错觉。

“你是高二吗？”她问。

“是的。”

“我也是高二哦。”

“很好。”

“下车小心。”

一般成年人之间的互相介绍会从问人贵姓开始，可能为了方便称呼，也可能只是应酬似的客套。

但高中生之间应该会先问就读的高中，再问念几年级。

这种问法既不是为了称呼，也不是应酬话，只是单纯想知道而已。

对于想进一步认识对方而言，是一个重要且必经的阶段。

曾经很纳闷为何我一上车就会刚好站在她面前方圆半米内？

推敲了几天后，发觉这很合理，也合逻辑。

对同车上学的学生而言，每天在几乎同样的时间搭同样路线的车，如果可以选择，一般人会坐在几乎同样的位置、站在几乎同样的地方。

这也许是因为安全感作祟或者只是单纯的习惯。

我和她应该都属于一般人，于是她总是坐在公交车左后方的座位；我则站在公交车后门往车尾四步的地方，面对左侧窗户。

后来我上车后转身往车尾跨步的瞬间，眼角就启动搜寻功能。

一旦瞄到她，我会不自觉修正步幅大小，以便能够完美地抵达她面前。

我甚至怀疑我是否还保有刚好走四步的习惯。

于是在自主意识的帮助下，我总是能刚好站在她面前。

合不合理、合不合逻辑、是否命中注定、是否特别有缘都不是重点，重点是我会站在她面前、我想站在她面前、我要站在她面前。

“对了。”她说，“我说我贫血也是开玩笑的，我只是皮肤白而已。”

“喔。”

“皮肤白不犯法吧？”

“不犯法。”我说，“但是犯规。”

“下车小心。”她笑了笑。

有几次我还闻到她身上有股花香，香味细腻且浓郁。

“你是不是闻到花香？”

“嗯。”我点点头。

“是栀子花哦。”她从上衣口袋拿出一片白色花瓣。

“原来如此。”我笑了笑。

“下车小心。”

我贪恋那股香气，进教室后把鼻子贴近书包，闭上眼睛仔细闻了一圈。

真是幸福的书包啊，可以躺在满是栀子花香味的深蓝色海洋上。

“你是狗吗？”坐我旁边的同学问。

“我宁愿是。”我再把鼻子贴近袋子。

那时正是栀子花盛开的时节，在学校的工艺教室与美术教室之间，沿路绽放栀子花。花朵约掌心大小，花形非常优雅。

以前经过时总是无视，自从认识她后偶尔会特地绕路去闻香。

栀子花的花瓣像她的肤色一样，都是纯净的白。

后来每当我看见栀子花或闻到栀子花香时，都会联想起她。

“你喜欢栀子花吗？”她问。

“喜欢。”我看了看她，点点头。

“栀子花的香气很浓烈，闻久了好像会醉呢。”

“没错。”我又点点头。

“下车小心。”

虽然不是每天上学都会遇见她，但只要遇见她，我的书包就会很幸福。

我曾统计过，在50个上课的日子里，有19天遇见她，概率是0.38。

这种数字如果是打击率的话，在棒球场上几乎笃定拿打击王了。

还有个有趣但并不严谨的统计，那就是在遇见她的日子里，我考试的平均分数比较高。

这或许意味着让我成绩进步的最佳解，便是提高上学时遇见她的概率。

“今天天气很好。”

“嗯。”

“是个适合认真念书的天气呢。”

“没错。”

“下车小心。”

有次在刮风下雨的天气里遇见她，那天雨下得很大，即使打了伞，书包和袋子还是不免被雨水弄湿。

尤其是收伞上车的过程中，会有两秒左右是处于任风雨欺凌的状况。

上车后发现地板因众人湿鞋踩踏而有点泥泞，我蹑手蹑脚走到她面前。

“袋子。”她说。

“会弄湿你的裙子。”我看了被雨水淋湿三分之一的袋子一眼。

可能是车子引擎声和雨声掩盖了我说话时压低的音量，她应该没听到。

“还是不要好了，会弄脏袋子。”她看了看地板上的湿泥，“雨伞。”

我将同时拿着袋子和雨伞的左手伸向她，她缓缓抽出我的雨伞。

连同她的雨伞，她把两把雨伞斜斜地靠在双膝，小心翼翼取得平衡。

“书包。”她说。

“会弄湿你的裙子。”我又说。

“我的裙子湿了，你的书包应该不介意吧？”她应该又没听到。

我不知道该回答是或不，而且拿着袋子的左手也不方便拿书包给她。

“哎呀。”她恍然大悟，“还是应该先拿袋子才对。”

“会弄湿……”

她没等我说完便伸出右手，我猜即使我说完她大概也不会听见。

我欲言又止，迟疑了一下，还是将袋子递给她。

她将袋子平放在双腿上，然后左右手分别拿起靠在双膝的两把雨伞。

“谢谢。”我说。

“不客气。”她终于听到了。

也许是因为从未在公交车行驶途中与她对话过，再加上本身有些狼狈，我不知如何掌握说话的节奏，而且说话的音量始终压低。

大概除了那句“谢谢”维持正常外，其余的话语好像含在口中一样。

我发现她的发梢有些湿润，上衣也有几处被雨水溅湿的痕迹。

同样因风雨而有些狼狈，但她的神情依然一派轻松。

“你看。”她抬起头，左右手各拿着一把伞，手心握住伞柄。

她把伞立直，伞尖抵住地板，身子向前倾，说：“这样像不像在滑雪？”

我忍不住笑出声音，笑声恐怕比刚刚说话时的音量还要高。

看来她除了皮肤白之外，个性也有点白，白目的白。

“今天雨下得真大。”

“嗯。”

“是个适合认真念书的天气呢。”

“没错。”我又忍不住笑了。

“下车小心。”

快升高三了，即将进入传说中地狱般的日子。

在联考是大学入学唯一管道的年代，对她和我这种普通高中生而言，不管冷热、无论晴雨，都是适合认真念书的天气，也都该认真念书。

我和她都有这种觉悟，而且为了避免升学压力太大而导致精神失常，我们也同时有了要常说冷笑话解压的觉悟。

“一个大雄要配一个静香，那很多个大雄要配什么呢？”她问。

“嗯……”我想了三秒，说，“进香团。”

“这答案不错。”她笑了。

“或许吧。”我也笑了。

“下车小心。”

“郑成功给儿子一千块，为什么儿子只花两百块？”她问。

“所以才会叫正经八百啊。”我回答。

“这问题其实很无聊。”她笑了。

“确实是无聊。”我也笑了。

“下车小心。”

“什么是众矢之的？”她问。

“马桶。”我说，“更严谨的答案是：公共厕所的马桶。”

“你反应好快。”她笑了。

“刚好猜到而已。”我也笑了。

“下车小心。”

升上地狱般的高三后，袋子愈来愈沉、书包愈来愈重。

我不想让她双腿上的负担过重，总是先把袋子塞满以减轻书包重量。

鼓鼓的袋子像怀孕八个月的肚子，我担心总有一天袋子会被撑破。

在车上将袋子交给她时，我会先将袋子直放地上，然后缓缓推向她；下车拿袋子时，我会请她先推出袋子，我再紧抓住袋子右上角拉向我。

总之，我不让她有提袋子的机会，事实上她单手应该也提不动。

“你的书包变轻了。”

“嗯。”

“但袋子什么时候要生小孩？”

“联考过后吧。”

“下车小心。”

以前我从不洗书包，认识她之后我每星期至少洗一次书包和袋子。

书包和袋子早已褪色，青草般的翠绿变成比黯淡再淡一点的绿。

跟学校其他同学的书包比起来，我好像背着一个外校的书包。

原本绿底白字的书包和袋子，由于绿色部分太淡，校名便模糊不清。

如果第一次遇见她时背着现在的书包，她应该很难看出我就读的学校。

那么我当时的问句便不再是鸟问句，而是有意义的。

书包颜色变淡的过程是缓变的，跟她认识的程度也是渐进的。

随着书包字迹颜色愈来愈模糊，她的影像在我脑海里愈来愈清晰。

无论是缓变或渐进，速度同样慢到难以察觉变化。

蓦然回首才惊觉书包早已不再翠绿，而我和她也认识了快十个月。

书包和袋子不仅记录着我跟她认识的时间，也成了我和她之间的见证。

“你的书包和袋子都变老了。”

“嗯？”

“因为白了头。”

“说得好。”

“下车小心。”

高三下学期在二月上旬开学，也是西洋情人节前夕。

我坐的那路公交车为了应景，办了个“爱情留言”活动。

乘客可自由拿取置放在司机座位旁的粉红色卡片，写完后投入收件箱。

司机会将爱情留言卡打洞穿上线，绑在吊环的带子上。

刚开始时车上只有几张零星的卡片，三天后所有的吊环上都有粉红色的卡片。

有的吊环上甚至系了三四张卡片，看起来很壮观。

“你有看到有趣的留言吗？”

“没有。”我摇摇头，“写得都蛮无聊的。”

“字句也许无聊，但这样做很浪漫呀。”

“是吗？”

“下车小心。”她点点头。

我18岁的人生像白开水一样，虽然平淡，但很健康。

原以为在卡片上留言然后公开展示是件无聊的事，不管写得好不好。

不过既然她说这样做很浪漫，那就……

就写写看吧。我想应该不会有害健康。

放学回家的公交车上，我在下车时悄悄地摸走一张粉红色卡片。

司机有意无意地看了我一眼，我竟然感到无比心虚。

回家后想了整晚，一个字也挤不出来。

隔天上车找灵感，发现我右手抓住的吊环上面挂着三张女孩写的卡片：

“我是那样深深地爱着你。深深的、深深的，像大海一样深。”

“为什么？只是在卡片上写‘我爱你’而已，竟然流下了眼泪。”

“邂逅真爱生死不渝，今生只为与你相遇，下辈子还要在一起。”

如果以后我女儿写出这种留言，我大概会跟她断绝父女关系。

上课时无法专心，总在思考该写些什么。

这样不是办法，得赶快写点什么，什么都好，不然根本无法上课。

我闭上眼睛，试着在脑海里浮现她的影像，却是一片朦胧的白。

慢慢调整焦距，影像逐渐清晰，那是栀子花的花瓣。

鼻子也仿佛闻到一股浓郁的芬芳。

嗯，就这么写吧。

给看似混血其实贫血的女孩

总是在拥挤的公交车内遇见坐着的你
在只属于我的40厘米见方的桃花源里
从未见过你站起
如果能在开满栀子花的山坡上
再次与你相遇
即使你只是迎面走来　说花好美哦之类的话语
然后与我别离
我依然相信　那一定是我今生
最美丽的记忆

国标舞舞者

反复读了几次，总觉得不太满意，写不出诗该有的感觉或意境。

人们常说恋爱会让人变成诗人，也许是因为我不是处于恋爱的状态，甚至连单恋也不算，所以才无法写出一首完整的诗。

不过对我这样的普通高中生而言，这已经是绞尽脑汁的最佳解了。

反正我的目的不是写诗，也不是写下爱情留言，而是许愿。

我希望将来离开同车的日子后，我还能遇见她，不管何时与何地。

放学的公交车上，可能是因为紧张，精神有点亢奋。

下车时经过司机旁，虽然知道司机会习惯性看着乘客下车，但当他瞄了我一眼时，我又莫名其妙感到心虚。

迅速将卡片投入收件箱后，我飞也似的冲下车。

之后坐车时，总会特别留意右手抓着的吊环上面的卡片。

爱情留言活动从二月初到三月中，这期间我从未发现我写的卡片。

这其实很正常，毕竟我不可能找遍车上每一个吊环上的每一张卡片，而且这路公交车也不止一辆。

虽然知道刚好看到自己所写的卡片的概率极低，但我还是很想看看那张卡片系在吊环上的样子。

当公交车终于恢复正常而不再一片粉红时，我心里涌现一股莫名的失落感。

无论如何，这件事要让它早点过去，我不该放在心上。

在联考脚步已经逼近的阶段，我应该更专心、更心无旁骛。

如果我有任何敏感或细腻的心思，都应该全放在数学上头，或许还可以帮助我解题。

“只剩100天了。”她说。

“是啊。”

“第二句。”

“啊？”

“下车小心。”

教室黑板的右上角，总是用黄色粉笔写下距离联考的天数。

黑板每天擦来擦去数十遍，那小块黄色角落始终被慎重地避开。

当你问高三生今天是几月几号，他会想三秒才回答，而且未必答对。

但如果你问的是距离联考还有几天，他会毫不迟疑说出正确的答案。

而且是用惊恐的语气。

一旦我脑海里浮现出那个黄色数字，脑袋会瞬间凝固，无法思考。

我猜她也是如此，所以根本无法说出有意义的第二句话。

“吃过早餐了吗？”她问。

“吃过了。”

“身体要顾好。”

“谢谢关心。”

“下车小心。”

当黄色数字只剩下两位数时，我常没来由地感到紧张，然后心跳加速。

这种紧张感突袭的频率随着黄色数字的减少而增加。

似乎只有在上学途中遇见她时，心跳的速率才会平缓。

而她的简单问候对我来说是种良药，可以让我在很长的一段时间内，不被紧张感突袭。

距离联考刚好只剩两个月的那天，我又闻到她身上的栀子花香。

“栀子花又开了。”她从上衣口袋拿出一片白色花瓣。

“是啊。”

“时间过得真快。”

“是啊。”

“下车小心。”

对于时间飞逝这件事，我真的无话可说。

从初识她那天算起，已过了一年又一个月。

当今年的栀子花凋谢后，我还可以再闻到她身上的栀子花香吗？

即使侥幸可以，又是在何处呢？

因为怕分心，也不想在上课期间莫名其妙想起她，我刻意不去赏花。

但我终究按捺不住想闻香的冲动，还是在某天中午冲去赏花。

可惜栀子花半数已凋谢，剩下的半数又大多转为乳黄色的花，纯白的栀子花所剩无几。

花儿谢了，才决定去赏花。花落了，变成土肥，等待下一个春末夏初。

还会绽放出一大片洁白吗？

我竟莫名感伤，莫非这就是所谓的联考症候群？

“帮你加个o。”

“嗯？”

“Hell是地狱。”她笑了笑，“但加个o就变成Hello了。”

“没错。”我也笑了，“谢谢。”

“下车小心。”

“如果你的面前有阴影，请别害怕。”

“嗯？”

“那是因为你的背后有阳光。”

“谢谢。”我说，“不过阳光就在我面前，所以阴影早已抛到背后。”

“下车小心。”她笑了，笑容如朝阳般温暖。

6月的第二个礼拜四，就是我学校的毕业典礼。

离联考还有将近三个礼拜，为了确保我们这种准考生会努力不懈，校方希望我们毕业后还是要来学校，老师也可以来帮我们复习功课。

差别就是可以比之前晚一个钟头到校。

而夜间也开放一间阅览室到晚上九点半，让准考生自由利用。

因此毕业后我还是每天到学校，待到晚上九点半才回家。

不知道她学校的状况如何，但晚一个钟头出门的我，从此不再遇见她。

乘客换成上班族和一些买菜的妇人，不再几乎全是学生。

这路公交车已坐了三年，如今我竟然觉得好陌生。

而且好孤独、好寂寞，有时甚至觉得伤感。

我想我再也看不到她了。

夜间的阅览室开放到考前三天，我一直待到最后一晚最后一刻。

离开学校（这次真的是彻底离开）后，独自在站牌下等公交车。

突然又想起她，不知道她准备得如何，会紧张吗？考得上吧？

我想她应该和我一样，在最后的冲刺阶段，压抑所有念书以外的念头，一心一意专注在联考这件事上吧。

车来了，我仍然从后门上车，简单瞥了一眼，座位只坐了三成。

我依照习惯转身往车尾方向走，打算随便找个位子坐下。

走到第四步，发现她就坐在身旁，略低下头，或许休息或许沉思。

再往后走也不是、站着也不是、坐下也不是，我所有动作完全暂停。

车子重新启动，我吓一大跳，嘴里不禁发出一声“啊”。

在失去平衡的瞬间，右手反射似的向上抓，刚好抓住一个吊环。

这扰动应该唤醒了她，她抬起头看着我，眼神充满惊讶。

互望了一会儿后，我觉得在略显空旷的公交车中当唯一站着的人实在很怪，便继续往车尾跨出一步，然后把书包和袋子放上行李架，在她右侧50厘米处坐下。

这距离差不多是一个成年胖子的屁股宽度。

我感觉坐着有些不舒服，大概是座椅有些硬或是坐姿不自然吧。

或许不是座椅或坐姿的问题，而是我根本不习惯在她身旁坐着。

眼角余光偷瞄了她几次，她似乎仍然维持着休息或沉思的状态。

一想到应该开口跟她说些什么，顿时觉得紧张万分，心跳狂飙。

我猜联考当天听到钟声要进入考场时的紧张感约莫也是如此吧。

从未以坐着的角度跟坐着的她交谈，我得先克服这股陌生感才能开口。

暗自深呼吸试着冷静，脑海里也迅速搜寻合适的字句当开场白。

想了许久才想出“这么巧，你也这时候才回家”之类的话。

我打算等心跳恢复正常后便转头开口。

没想到心跳恢复正常时，我也快下车了。

公交车正在等红灯，绿灯亮后右转100米就到站了。

我无暇细想，按了下车铃，站起身拿下行李架上的书包和袋子，书包挂上左肩、左手提着袋子，然后往前走了一步，停下。

绿灯刚好在此时亮起。

回到我站着她坐着的习惯位置，我想我可以开口了。

“你也在学校待到这么晚才回家吗？”她反而先开口。

“是啊。”我说，“家里比较吵，诱惑也多，便想在学校多念点书。”

“我也是这么想。”她点点头，呼出一口气，“不过还真累。”

“这也是没办法的事。”

“联考加油哦。”

“第三句了。”

她愣了一下，随即笑了起来。

“那么再说第四句吧。”她说，“祝你金榜题名。”

“谢谢。”我说，“你也是。”

公交车开始减速靠站，我也该往前走了，但脚步始终无法迈开。

我惊觉我似乎被“下车小心”这句话制约了。

换言之，当她没说“下车小心”时，我根本无法下车。

“下车小心。”她终于说，在公交车静止的瞬间。

我很努力地看了她一眼，因为我知道，这一眼很可能是最后一眼。

车门哗啦一声开启，我转身快步向前，在司机回头时刚好经过他身旁。

低头跃下车门阶梯，车门在身后迅速关闭，然后公交车继续向前。

我转头看着公交车渐渐没入远处的黑暗，突然有股想哭的冲动。

脑海里冒出许多凌乱的字句，但排列组合后似乎别具意义。

这些文字如泉水般涌出，止也止不住，而且源源不绝。

如果是这时候，那张爱情留言卡只需五分钟就可以填满。

看来现在的我已经可以写诗了。

霎时间我恍然大悟，原来我真的很喜欢她。

第一次遇见她是去年4月初，离别是今年6月底，总共约一年三个月。

扣除假日，再乘上遇见她的概率值0.38，我遇见她超过100次。

我到底是从何时或是从哪次开始喜欢上她的呢?

也许每一次的相遇都像是往骆驼背上添加的一根稻草，我并不知道哪一次才是压垮骆驼的最后一根稻草。

我只知道骆驼已经倒了，而且这次应该是我最后一次见到她。

公交车的离去带走我身上所有重量，我仿佛置身于无重力状态的太空。

在太空中，眼泪也没有重量，因此泪水不会沿着脸颊流下来，只会不断累积在眼球周围。

所以我没有流下一滴泪，但眼窝里满满都是泪水。

这一年是1992年，也是尾崎丰猝逝的那一年。

Chapter 2

珊珊学姐

承她吉言，我侥幸考上南部一所大学。

虽然榜不算太金，但终究是题了名。

我在南部求学和成长，原本期待能考上北部的大学，可惜无法如愿。

也许是因为遇见她的概率只有0.38，如果超过0.4，应该就能考上北部的大学了。

差可告慰的是，虽然仍在南部，但起码换了座城市。

发榜前一天我透过电话查询榜单，电话拨通后输入准考证号码，三秒钟后便听见录音机中传来甜美的女声：

“蔡修齐同学您好。恭喜您录取××大学××工程学系。”

我没有特别的兴奋感，只觉得松了一口气，黑暗的日子终于结束了。

不过我随即想到，如果输入的准考证号码不在榜单中呢？

“×××同学您好，请节哀。请相信生命依旧美好，一定要坚强哦。”

会是这样吗？

隔天报纸出来后，摊开一看，密密麻麻的都是人名。

找到录取的校系，确定自己名字真的在上头后，突然觉得很失落。

我不知道她的名字，根本无法知道她是否录取，或是录取到哪所大学。

直到此刻我才死心，我之后的生命历程不会再有她的踪迹。

但即使没有踪迹，她的身影应该会在我脑海里逗留很长很长的时间。

因为你怎能经过一片海，却忘了它的蓝？

算了。上了大学后，下一个春天便会来临。

仔细察看未来同学的名字，发现女生只有5位，而男生有50位。

果然如传说般，这个学校工程学系的男女比例悬殊。

不过聊胜于无，起码比高中时代好多了，因为我高中念的是男校。

开学后才发现班上女生只有4位，原来有个叫李君慧的同学是男生。

这世界很残酷，取女生名字的可能是男生，但取男生名字的就是男生。

一下子班上的女生少了两成，对我的打击还蛮大的。

而这个叫李君慧的同学也刚好成为我宿舍的室友之一。

他的身材算魁梧，个性有点软，但人很正直，是当朋友的好人选。

学校宿舍是四人房，我得学习和适应跟别人共同拥有私密的生活空间。

还好我的个性虽然没有大的优点，但也没明显的缺点，室友们看来也是如此，所以相处还算融洽，几天后就能打成一片。

另两位室友分别是阿忠与小伟，依姓名的最后一个字叫。

至于李君慧，我只能连名带姓叫他，因为如果我叫他“小慧”，旁人搞不好会以为我和他之间有暧昧。

高中时代6点不到就得起床，出门乘车得花45分钟才能到校。

现在只要5分钟就能到上课地点，对我而言简直是天堂。

大学是个培养独立思考的地方，这点我有很深刻的感受。

例如我会因为第一堂课的上课时间而自动调整起床的时间，8点上课7点40起床；9点上课8点40起床。

而且我脑袋真的会独立思考喔，它会根据该堂课是否会点名、老师是否机车、是否很想继续睡等因素，判断该不该起床。

11月初系上学长办了两天一夜的迎新露营，地点在垦丁。

对大一新生而言，这是很重要的活动，也很令人期待。

玩趣味游戏时，因为女生实在太少了，只好由男生扮演女生的角色。

比方咬着小吸管传橡皮筋的游戏，原本应该贴近青春女孩的脸庞，闻到她身上阵阵幽香，感受她吹气如兰，光幻想一下就觉得亢奋。

然而现在却是跟臭男生耳鬓厮磨，我猜我和对方都很想死。

晚上躺在满是汗臭味的帐篷里，在鼾声雷动中我开始思考人生。

如果持续这种状况，我四年大学生活或许很充实，但可能会太阳刚。

回到学校后左思右想，决定要参加社团，拓展女孩人脉。

但我仔细想了几天，竟然想不出除了念书以外的专长或兴趣。

经过高中三年的摧残，所有非念书的兴趣在萌芽前就被连根拔掉了。

剩下可以称之为兴趣的部分，可能是基于人性，而非兴趣本身。

比方如果我对游泳社有兴趣，不会是因为喜欢游泳，而是因为喜欢看女孩穿泳装。

但我不会也不该因为泳装女孩而加入游泳社，即使她们穿上比基尼。

阿忠与小伟加入国术社，书桌旁各自摆了把木制苗刀，看起来很酷。

李君慧加入合唱团，书架上放了几本乐谱，偶尔还有女孩来教室找他。

周三晚上很难熬，因为国术社和合唱团当晚都有社团活动，我只能独自待在寝室里思考人生。

干脆去学生活动中心走走吧，所有社团办公室都在那里的三楼和四楼，或许我可以找到合适的社团。

爬上学生活动中心的三楼，眼前是一块自由空间，约有两间教室大小。

左右各一条长长的走廊，社团办公室就分布在走廊两侧。

办公室门口挂着社团名牌，墙上也贴满活动信息或招募新社员的海报。

我两条走廊各走了一遍，没发现感兴趣的社团。

叹了口气，继续爬上四楼。

四楼的格局跟三楼一模一样，自由空间里摆了一些桌椅，分布很凌乱。

墙上钉了几块白板和布告栏，剩余的墙面几乎被海报占满。

学生分成几群，坐在椅子上聊天或讨论，谈笑声非常响亮。

刚刚在三楼没仔细观察这种空间，我想在这里看看或许会有新发现。

我在一张海报前驻足，因为上面写着：公交车吊环握法测性格。

那是心理社的海报。

这个测验有六个选项，我选了第五个答案：用五根手指紧握住吊环。

如果以我高中时的乘车经验来说，我觉得其他答案的意义不大。

例如一手同时抓住两个吊环、两手各抓一个吊环这两种答案。

在那种拥挤的状况，一个人要抓住两个吊环根本不太可能，即使可能也不应该，如果有人因此而没有吊环可抓，就太没公德心了。

至于用三四根手指钩住吊环这个答案，最好你指力够强，不然你要有在公交车上跳国标舞的心理准备。

国标舞？我整个人瞬间冻结。

我经常想起她，但从未突然莫名其妙想起她。

四个多月了，她的影像在脑海里只蒙上一层细细的灰尘。

我用嘴巴轻轻一吹，影像立刻清晰无比。

栀子花女孩啊，此刻你在哪里？正在做什么呢？

“呆板的发型、青涩的神情，他应该是大一生。”

“从他的视线看来，像是对这个地方很好奇，可见他很少来或是根本没来过这里。所以他应该没有加入社团。”

“上衣没扎好，露出一小截衣角，头发没有梳理而且双脚踩着拖鞋，我推测他的个性很散漫。”

“不。他走路时脚步沉稳，视线移动时有一定规则，个性应该不散漫。我推测他应该没有女朋友，所以还不习惯打理自己的外表。”

我转过头，发现离我七步远坐着两个女孩，似乎正对着我说话。

她们的长相都不错，也同时属于甜美型，最大的差别是短发和长发。

不能以貌取人的道理你知道、我知道、拿石头打小鸟的小孩也知道，所以我喜欢的女生不一定要长得漂亮，只要让我有感觉就好。

只不过让我有感觉的女生总是长得很漂亮。

当我一看到令我有所感觉的女生，心里立刻会选择特定的形容词，比方可爱、甜美、漂亮、清秀、标致等来形容她们。

如果难以选择，也会用长得不错、还蛮好看、气质很好等来形容。

这两个女孩会让我心里立刻选择形容词，我选的都是甜美。

以外貌而言，她们是属于让我45%心仪的女生。

“没来过这里现在却来了，而且又不是走进社办找人，所以他应该是想加入社团。”短发女生说。

“没错。”长发女生说，“而且每张海报他都看得很仔细，可见他很想参加社团，但还没有决定加入哪个社团。”

我愈听愈奇，从她们的视线看来，我可以确定她们就是对着我说话。

但她们竟然用第三人称，而且不在乎我也正注视着她们。

“至于在海报上吹气嘛……”短发女生想了一下，“应该是海报上刚好停了只蚊子或是其他昆虫，所以吹气赶走它。”

“不。”长发女生摇摇头，“我推测他是处女座，有洁癖，见不得海报有灰尘，所以才会吹气。”

“都不对。”我终于插上嘴，“海报上面没有虫，而且我是金牛座。”

她们愣了一下，互望了一眼后又同时转头看着我。

“学弟。”短发女生向我招招手，“过来坐一下。”

我没迟疑，直接走向她们，然后坐在她们面前。

“既然没参加社团又想加入社团，要不要加入心理社？”长发女生说。

我想了一下，不是因为要考虑是否加入心理社，而是因为原本想问她们怎么知道我是学弟、没参加社团、想加入社团，但随即想起她们的答案早在刚刚对话时就出现了。

“请问你们刚刚在做什么？”我问。

“反客为主，这招厉害哦。”短发女生笑了笑，“光看这一招，就知道你很有成为心理社社员的潜质。”

“我回答你吧。”长发女生说，“我们在做人物侧写，对象是你。”

"人物侧写？"

"那是心理社社员常玩的游戏。"短发女生说，"仔细观察一个人的外表、谈吐、行为举止等，判断他性格上的特征和心理状态。"

"我们回答完了，轮到你了。"长发女生问，"想加入心理社吗？"

"这……"我开始犹豫，毕竟这很突然，而且我对心理社还很陌生。

"你是工学院的学生吗？"短发女生问。

"是的。"我点点头。

"那么你班上的女生很少，而且你没女朋友。想认识更多女孩应该是你想加入社团的理由之一，搞不好是最大的理由。"长发女生说。

"既然如此，就别再犹豫了。心理社也有一些女社员。"短发女生说，"而且你不觉得我们长得很漂亮吗？"

短发女生说完后，跟长发女生相视而笑，两人的笑容同样甜美。

这种笑容太犯规了，我心中的防线瞬间被击溃。

"这是入社申请表，你填一下基本资料。"长发女生递给我一张纸。

"笔在这里。"短发女生递给我一支笔。

我立刻提笔在纸上写下姓名、系级、寝室号码等基本资料。

"欢迎加入心理社。"她们异口同声，"我们是珊珊学姐。"

"珊珊学姐？"我很纳闷，"可是你们是两个人啊。"

"我是秀珊。"长发女生指了指短发女生，"她是怡珊。我们是会计系二年级的同班同学，又同寝室、同社团，总是同时出现、同时消失，我们几乎形影不离，所以你只要叫我们珊珊学姐就行了。"

"所以两位学姐都没有男朋友。"我说，"因为你们之中只要一个有了男朋友，就不可能维持形影不离的状态。"

“呦！”怡珊学姐笑了笑，“轮到你侧写我们了。”

“心理社固定活动时间是每周五晚上7点，如果临时有活动会通知。”秀珊学姐指着四楼左边的走廊，“社办就在那里。”

“后天晚上要提早半个钟头来，社长会对你做些测验。”怡珊学姐说。

“测验？”

“别紧张。”秀珊学姐说，“不是考试，只是玩一些心理测验而已。”

珊珊学姐继续说明心理社的活动内容，然后向我收取200元社费。

“对了。”怡珊学姐问，“你为什么在海报上吹气？”

“因为脑海里有灰尘，要吹气才能看清楚栀子花。”我回答。

珊珊学姐互望了一眼，再转头看着我。

“学弟。”秀珊学姐说，“心理社真的很需要你。”

“因为我们很缺具有异常人格的观察对象。”怡珊学姐说。

然后珊珊学姐笑了起来，我也跟着笑。

虽然觉得加入心理社的过程有些诡异，但心里却很踏实。

大学生活过了快两个月，原本只认识四个女孩，现在多认识了两个，一下子增加五成，真是进步神速。

而且不仅量有所增加，珊珊学姐的加入让质的提升更是可观。

将来以珊珊学姐为圆心向外拓展，一定可以认识更多漂亮的女孩。

星期五晚上我依照珊珊学姐的吩咐，六点半准时进了社办。

“学弟，先等一下。”社长说，“我准备一下资料马上就好。”

社长是机械系大三学生，戴着一副黑色大镜框眼镜，是十年前的流行款。

他的声音很低沉，五官看起来有些老气，这是我的第一印象。

我简单打量一下社办，四坪大小的狭长空间，右侧角落堆了些杂物，左侧角落有张书桌和几张塑胶椅，社长正低头坐在书桌内侧。

贴着右墙摆了两个书柜，柜子里放的大概都是心理学相关书籍。

左侧墙上挂了一块白板，上面写了一些人名和电话，还有计划表。

“好了。”社长抬起头，“学弟，拿张椅子坐吧。”

我说了声谢谢，拿张塑胶椅坐在书桌外侧，面对着社长。

“在楼梯间遇见一个女孩迎面而来，你希望是你上楼、她下楼，还是你下楼、她上楼？”

社长右手拿笔，桌上放了张纸，双眼直视着我。

虽说只是玩个心理测验，但感觉好像调查员在审问嫌犯，而我是嫌犯。

“嗯……”我想了一下，“我下楼、她上楼。”

“喜——欢——偷——看——女——性——胸——部。”他低头写字，边写边说。

“啊？”我大惊失色，不禁站起身，指着他面前的纸，“这……”

“这是心理测验，代表你喜欢偷看女生胸部。”社长抬起头说。

“为什么我下楼就代表喜欢偷看女生胸部？”

“因为如果你要下楼而她要上楼，那么你可以很轻易偷瞄她的乳沟。”

“我干吗要偷瞄她的乳沟！”

“这就要问你了。”社长说，“因为你选择下楼。”

“如果我选上楼呢？”

“那就代表你喜欢偷看女生大腿。”

“这根本是捉弄人嘛！”我大叫，“那社长你怎么选？”

“我当然是搭电梯。”

“选项没有搭电梯啊。”

“人永远会有选择，而选择是掌握在自己手里，不是别人给的。”

“你……”这话很有道理，我一时想不出反驳的话。

“坐下吧。学弟。”社长说，“你要记住：我是社长，我很专业。”

虽然我很不服气，但还是坐了下来。

“接下来我不问选择题，问一个可以让你自由发挥的题目。”社长说，“如果看到一个眼睛周围浮现蓝色的妇女，你认为她发生了什么事？”

“家暴吧。”我说，“也许是被她先生打的。”

“有——憎——恨——异——性——的——倾——向。”他低头写字，边写边说。

“喂！”我又站起身。

“这次我可没坑你喔，答案是你自己想的。”

“为什么我认为她眼睛瘀青就代表我有憎恨异性的倾向？”

“我说的是眼睛周围浮现蓝色。”社长说，“你把蓝色直接联想成因为暴力而产生的瘀青，可见你潜意识里憎恨女性，很想痛打她们。”

“那社长你怎么回答这个问题？”

“眼睛周围的蓝色当然是因为涂蓝色眼影而已啊。”社长说，“这题的答案只分正常和不正常两种，涂蓝色眼影之外的答案都是不正常。”

“你……”我指着他，说不出话。

“我是社长，我很专业。”社长说，“你请坐。”

我只好悻悻然坐下。

“差不多了，我大致了解你的心理状态。”社长说，“你千万不要因为被我看穿心理而反应激烈，要学会冷静。知道吗？”

“嗯。”我应了一声，不置可否。

“咦？”社长似乎很惊讶，“你说谎了。”

“说谎？”

“在心理学上，眼珠往右上代表正在说谎，往左下表示正在回忆。很多刑警都是这么判断嫌犯是否说实话。”社长指着我的眼睛，“你刚刚眼珠往右上方移动了。”

“右上表示说谎、左下表示回忆。”我问，“如果在回忆时说谎呢？”

“那就……”

社长转动眼球，一会儿右上、一会儿左下，最后眼珠在眼眶里拼命绕圈。

“好了。”社长摘下眼镜揉了揉眼睛，用衣袖擦了擦眼镜后重新戴上，“团体活动时间到了。”

“社长。”我问，“你眼睛还好吗？”

“我眼睛很好。不要忘了，我是社长，我很专业。”社长说，“走吧，我带你去活动地点。”

所谓团体活动时间就是在校园里找个僻静的角落，社员围成圈。

四周一片漆黑，圆心只放了把手电筒，社员都坐在草地上。

在社长引导下，社员说出一些深埋在内心深处的秘密、挫折或阴影，也有人借此机会说出自己的暗恋情事或是情伤。

这种活动有点像是西方电影里常见的团体心理治疗。

社长要我先发誓在这个活动中所听到的一切，绝不泄露半句。

如违此誓，天诛地灭，等等。

怎么一个社团活动搞得像密谋造反的江湖帮众聚会呢？

不过我听了一会儿后，还颇赞同先发誓这件事。

由于心理医师会死守患者的秘密，所以患者便会向心理医师坦白一切。

要让社员坦白，确实得先做些预防措施，何况我们都只是学生而已。

刚开始听时我还津津有味，但听了一会儿后觉得无聊。

多数社员诉说的是自己的单恋、苦恋、暗恋，有的则是埋怨另一半。

只可惜说故事的技巧不佳，有时甚至像是单纯地吐苦水或是抱怨。

我眼皮愈来愈重、盘坐的身子愈来愈弯，脸都快贴到草皮上了。

然后我隐约听到两个女孩在我身后低声交谈。

“视线朝下不朝圆心，他应该是不怎么想听，甚至觉得无聊。”

“身体前倾背弯如弓，而且有规律地摆动，他应该在打瞌睡。”

“珊珊学姐。”我转过头看见她们，“你们怎么这时候才来？”

“你没听过有句成语叫姗姗来迟吗？”怡珊学姐说。

“所以我们两个人总是会迟到呀。”秀珊学姐笑了。

珊珊学姐挤进圆圈，一左一右坐在我身旁。

幸好有她们的加入，枯燥的故事顿时变得有趣，我也愈坐愈直。

活动结束后，我跟珊珊学姐提起在社办与社长的对话。

“你知道这届的社长是怎么产生的吗？”怡珊学姐问。

“不是用选的吗？”我说。

“不。”秀珊学姐说，“是猜拳决定的，而且是猜输的当社长。”

“真的吗？”我很好奇。

原来这届的社长要改选时，一共有七位大三的学长符合选举资格，但没有一位想当社长，最后只好用猜拳决定，猜输的当社长。

七个人围成一圈剪刀、石头、布猜了十几次，始终没有结果。

有人提议干脆只出剪刀和石头，不要出布，这样比较快。

“他们还真的继续猜拳，而且只出剪刀和石头。”怡珊学姐说。

“有这么蠢吗？”我很惊讶。

“这还不是最蠢的。”秀珊学姐说，“最蠢的是竟然还有人出剪刀。”

“啊？”我惊讶得说不出话来。

“结果有五个出石头、两个出剪刀。”怡珊学姐说。

“两个出剪刀的人当中，有一个立刻意识到自己干了件超级大蠢事，当下便说他没脸再待在心理社了，于是退社。”秀珊学姐说。

“剩下那个出剪刀的人……”怡珊学姐还没说完，秀珊学姐便接着说，“就是现在的心理社社长。”

“所以我们的社长基本上是个白痴？”

“可以这么说。”珊珊学姐笑了。

原本还有点担心社长对我的心理分析可能会有一点点正确的成分，因此我得仔细回想成长过程中到底是哪里出了差错。

不过现在不必担心我的心理状态了，该担心的是在专业社长的领导下，我会不会从正常人变成不正常。

三天后心理社办了个水饺会，算是临时增加的活动。

在学生活动中心四楼的自由空间，社员们自己包水饺、煮水饺。

打量了一下四周，社员三五成群谈笑着，气氛很融洽。

上次团体活动是在黑漆漆的草地上，我根本看不清旁人，更别说认识了。

珊珊学姐按照惯例会迟到，在场的社员中我只认识社长。

虽然想找人聊天，但我可不想靠近社长，宁可独自躲在角落包水饺。

“馅放太多、捏出皱褶的手法也太粗糙，他应该是第一次包水饺。”

“视线四处游移，包水饺时既慢又不专注，他应该是想找人说话。”

“想找人说话却独自躲在角落，他应该是找不到人可以说话。”

“明明四周都是同社团的人，他却找不到人可以说话，可见他应该是刚加入社团，所以还找不到可以算是认识的人说话。”

“珊珊学姐。”我转头笑了笑，“你们终于来了。”

珊珊学姐分站我左右，挽起衣袖互望一眼后便开始包水饺。

她们各拿起一片圆形面皮摊在左手掌上，右手舀一匙馅搁在面皮上，食指沾水沿面皮圆周滑了一圈，左手一握，双手手指利落地捏出皱褶。

“第一个水饺包好了。”珊珊学姐说。

“好快。”我惊叹。

一转眼工夫，她们已各包了15个水饺，速度几乎一样。

“看到了吧。”怡珊学姐说，“我们不只是长得漂亮而已。”

“而且还很有才华呢。”秀珊学姐说。

“所谓的才华是指包水饺吗？”

“当然喽。”珊珊学姐笑了。

“确实很有才华。”我也笑了。

珊珊学姐把我包的大约20个水饺放进现场三个锅子其中一个里煮。

“仔细记住这个锅子。”怡珊学姐问，“记住了吗？”

“嗯。”我点点头，“为什么要记住？”

“待会儿千万不要吃从这个锅子中捞出的水饺。”秀珊学姐说。

“我知道。”我笑了，“但是我会请社长吃。”

“乖。”珊珊学姐也笑了。

“水饺会的目的不是比赛包水饺，而是联络社员感情。”怡珊学姐说。

“我们带你去认识别的社员吧。”秀珊学姐说。

珊珊学姐拉着我四处串门子，帮我和其他社员互相介绍。

“这学弟有憎恨异性的倾向。”社长指着我，“你们要好好感化他。”

“我们一定尽力。”珊珊学姐回答。

“社长请吃。”我端了一盘可能是我包的水饺。

“嗯。”社长点点头，“谢谢。”

心理社社员总共约50人，每次聚会大概会来八成，比例算高。

像我一样的大一新社员有12位，其中3位是女生。

这3位女生跟我班上4位女生一样，一看到她们就知道是女生，而我是男生，所以她们是异性，然后就没有其他特殊的感觉了。

水饺会持续两个钟头才结束，我吃了20个应该是珊珊学姐包的水饺。

由于珊珊学姐的缘故，我对其他社员有了初步的认识，不再感到陌生。

“学弟！”我要下楼离开学生活动中心时，社长叫住我，说，“下楼时不要偷看女生胸部啊。”

我猜其他社员对我大概也有了初步的认识。

之后在团体活动时间我不再感到枯燥，逐渐融入心理社这个团体中。

我期中考的成绩都及格，社团生活也还可以，虽然专业社长很白目，但珊珊学姐人很好，我跟其他社员的相处也算融洽。

大学有三大学分：学业、社团和爱情，前两大学分我算修得不错，只剩爱情学分还没修过，也不知道有没有机会修。

不过目前我才大一，不必太急，我想很快就有机会修修看。

而这个机会果然很快就来临。

Chapter 3

杨玉萱

学校会在每年的圣诞夜举办一场盛大的圣诞舞会，地点在体育馆内。

这舞会虽然凭票入场，但拿到票绝不是问题，问题是入场规则。

规则是一张票让两个人入场，一个人不行，三个人以上也不行。

而且这两个人一定得是一男一女，两男或两女都不行。

制订这种规则的目的，就是希望男生邀请舞伴参加舞会。

12月初学生会就广发舞会的票给各个系学会和社团，通常是给男生。

对男生而言，舞伴通常只有两种：女朋友或是喜欢的人。

毕竟这舞会别具意义，你不会白目到邀请普通的异性朋友当舞伴。

所以如果没有女朋友也没有喜欢的人，那么舞会的票便是废纸一张。

即使有喜欢的人，但不敢开口邀请或害怕被拒绝也是同样没辙。

对一般大一男生而言，具备邀请舞伴的条件或勇气的人很少，原本是不该对这种舞会有所期待。

不过学长们总是会照顾学弟，他们会组成所谓的“旷男团”，让没有舞伴的大一男生参加，然后根据团员数目邀请数目相同的女孩。

这点很重要，如果男生数目不等于女生数目，舞会当晚就会发生悲剧。

邀请女孩对学长们而言比较容易，他们只要找个认识的女生，请她帮忙也组一个“怨女团”就行。

毕竟也有很多女孩想参加舞会，但她们只能被动等待男生邀约，所以她们也会很高兴能因此被邀约而参加舞会。

我很有自知之明，一拿到票后便参加了旷男团。

阿忠、小伟和李君慧也参加了，我们都对这个舞会既期待又兴奋。

参加舞会可不是去看热闹的，基本上要会跳舞。

但我们这种纯情大一男生怎么可能会跳舞？所以学长只好进行特训。

每天晚上在宿舍的交谊厅，学长会训练旷男团成员跳舞。

三四个学长带领三十几个学弟练舞，整个交谊厅乱哄哄的。

“舞步依音乐节奏分快舞和慢舞两种。”学长说，“快舞跳Soul，慢舞很简单，只要搂着女孩的腰摇来摇去就好。”

学长说得很笃定好像很厉害，但依我这个半吊子心理社社员的观察，我猜学长是一知半解，这大概是因为学长的学长也是这么教的缘故。

慢舞确实没什么技术性，男生左手托住女生右手，右手轻搂女生的腰，女生左手搭在男生右肩，然后随着音乐节奏缓缓舞动，大概就这样。

不过莫非定律说了，凡是可能出错的事必定会出错；而且只要事情错了，就会错到极限。

有的男生竟然左右脚踩着的位置都不变，脚跟甚至没离开地面，于是维持在原地摆动，看起来像是在原地左右摇摆的不倒翁。

但如果要他自然移动脚步，他又会刻意跨步，像螃蟹横着走。

快舞就难多了，除了脚下的舞步外，男生还得采取主动引领女生转圈。

男生右手牵着女生右手，在10拍的舞步中：1（右点）、2（左点）、3（中点）、4（往内拉）、5（往外推）、6（女生顺时针转半圈）、7（在女生耳际画圈）、8（左点）、9（往外推）、10（女生逆时针转半圈，回到原来位置）。

这是基本舞姿，但可以随时变换各种花式以免太单调。

据说南部跳Soul是10拍，北部是8拍，北部应该比较正统。

但如果一首舞曲北部女孩要转25圈，南部女孩只要转20圈。

可见南部男孩很厚道，为减轻女孩负担，刻意改变为10拍。

这点值得记录在小说里，以供北部女孩日后择偶时参考。

不管10拍或8拍，都是要男女一起跳，男生带得好，跳起来就很顺。

学长要我们两两一组练习，我和李君慧一组。

跳慢舞时，男女舞姿虽有小差异，但舞步基本上相同；可是跳Soul时，男女的舞姿和舞步都不同。

现场没有半个女生，学长对女生的舞步也不熟，于是问题来了，谁来跳女生的舞步？

我和李君慧练了半天，几乎没有进展，因为谁来扮演女生？

李君慧虽然拥有女孩的名字，却是不折不扣的粗壮汉子，他当女生时我根本转不动他，我只好当女生让他先练习。

没想到我转圈时顺得很，我猜是因为高中乘车时跳过国标舞。

"那个学弟！"学长指着我，"你跳女生跳得很好，你练过？"

"没有。"我摇摇头，"我只是……"

"你不要太谦虚。"学长打断我，"你来当女生，帮同学练舞吧。"

我没有谦虚啊，学长。

这下好了，所有人都等着跟我跳，我连喘口气的时间也没有。

跳到后来，我完全忘了男生的舞步，但女生的舞步却愈跳愈熟练。

舞会前第三天刚好是冬至，那天晚上心理社举办汤圆会。

原本那晚还要练舞，但我练到一半就溜出来。

我已经练了四天的女生舞步，再练下去的话，我怕上厕所时会走错。

学生活动中心三楼和四楼的自由空间大概各有十几个社团在煮汤圆，有些社团则在社办内煮汤圆。学生活动中心像办喜事，气氛好热闹。

我爬上四楼，加入心理社的汤圆会，连日来紧绷的心情便稍微舒缓。

当我吃第一口汤圆时，才猛然想起：我怎么忘了珊珊学姐?

我其实不用那么早参加旷男团，可以先拜托珊珊学姐帮我找舞伴啊。

长相甜美的珊珊学姐应该会认识一些漂亮的女孩子，毕竟物以类聚。

如今只能等舞会当晚舞伴才会揭晓，万一签运差，岂不是得“与龙共舞”？

“盛汤圆时露出微笑，碗也几乎全满，他应该很喜欢吃汤圆。”

“但口中含着汤圆，既不咀嚼也不吞下，他应该正在想事情。”

“珊珊……”我转过头看见珊珊学姐，但一开口便差点吐出汤圆，赶紧咬了几口再囫囵吞下，接着说，“学姐。”

“我还以为你胆子变大了，竟然只叫我们珊珊。”怡珊学姐说。

“吃汤圆要小心噎着呀。”秀珊学姐说，“在想什么？”

“没什么。”我说，“原先想请你们帮忙，但……”

“请我们帮忙？”怡珊学姐打断我，“以目前这时机，有两个可能。”

“一是邀请我们当舞伴，二是拜托我们帮忙找舞伴。”秀珊学姐说。

“但你胆子不大，也不会不切实际，所以应该是二。”怡珊学姐说。

“说吧。”秀珊学姐笑了笑，“你希望找什么样的舞伴？”

我张大眼睛看着珊珊学姐，没想到不用开口她们就知道我在想什么。

“欲言又止，神情似乎有些扼腕。你已经有舞伴了？”怡珊学姐问。

“嗯。”我点点头，“系上学长会帮忙找。”

“原来如此。”秀珊学姐说，“应该是俗称的旷男团吧。”

“也就是说，你在舞会当晚才会知道舞伴的高矮胖瘦。”怡珊学姐说。

“我想你扼腕的是，为什么没想到先拜托我们帮忙呢？”秀珊学姐说。

“没错。”我真的很扼腕。

我帮珊珊学姐各盛了一碗汤圆，然后找地方坐下来一起吃。

吃过了汤圆，就多长了一岁，应该可以更成熟、更有勇气了。

现场有社团放起音乐，由于圣诞舞会快到了，有些人开始翩翩起舞。

他们跳起来很自然，而且男女一起跳，边跳边笑，感觉很快乐。

比较起来，在宿舍交谊厅好像只是一群男生拼命练舞，像在集训。

我突然想起，严格说起来我根本还不会跳舞啊，那舞会怎么办？

“视线朝着跳舞的人，愈看愈出神，他应该很羡慕。”

“不过嘴角下沉、眉头一皱，他应该想到为难的事。”

“珊珊学姐。”我回过神，有些难以启齿，“可不可以请你们……”

“想要我们教你跳舞是吧。”怡珊学姐说。

“来吧。”秀珊学姐站起身，“学姐教你。”

我大喜过望，说了声谢谢后，也立刻站起身。

珊珊学姐先示范，有时怡珊学姐当男生，有时秀珊学姐当男生。

不管谁当男生，舞姿和舞步都一样流畅而自然，跳起来很好看。

不像系上学长们为了刻意强调节拍，动作太僵硬且呆板。

在珊珊学姐的引导下，我很快就对男生的舞步有了心得。

汤圆会结束后，我不仅多了一岁，也终于学会跳Soul。

圣诞舞会在晚上七点开始，我们六点半就在体育馆前集合完毕。

旷男团一共有31位成员，所以怨女团成员也一定得刚好是31位。

扣掉班上四位女生（她们是保障名额），学长还得再找27位女生。

学长们动用各种关系，在校内拼命寻找还没舞伴的大一女生，结果只搜刮，不，只募集到16名大一女生，还缺11名女生。

只好再透过朋友，或是朋友的朋友，找校外的女孩充数。

可惜到目前为止，只找到9位校外女生，还差两位。

据说舞会当晚，有些女孩会在体育馆外徘徊，好像在欣赏月色。

但实际上这些女孩都经过盛装打扮，有的甚至上了妆。

你相信穿着洋装甚至是礼服的女孩，在夜晚走到体育馆外头散步，只为了欣赏月亮吗？而且这天刚好是农历初一。

所以没错，那些都是因为种种因素未被邀约但却很想参加舞会的女孩。

而这些在体育馆外头看月亮的女孩，就是学长们的最后希望。

体育馆内传来暖场的舞曲节奏，舞会快开始了。

在外头等待的我们既紧张又兴奋，有的甚至充满恐惧。

我抽到18号还好，但抽到30和31号的男生，很可能无法进入体育馆，他们能不恐惧吗？

“终于凑齐了！”有个学长奔向我们兴奋地大叫。

学长们激动地握住彼此双手，我猜他们的眼眶应该有含着泪。

30和31号男生应该也含着泪，而且泪水会比较多。

我们开始排队进场，男生一排、女生一排，按照号码顺序。

学长说了，排在你旁边的人就是你的舞伴，待会儿要牵着手进场。

进场后大家尽量待在同一块区域，就当作是一场联谊活动。

要是累了，随时可以离场，但一定要带着舞伴离场，而且要送她回家。

“学弟们。”学长挥挥手算是告别，“男生要大方，要好好照顾舞伴。祝你们玩得尽兴。”

看了看排队的人龙，估计大概还要五分钟才进得了场。

随着队伍缓缓前进，心跳逐渐加快，我像是正排队准备上战场的新兵。

偷偷瞄了身旁的女孩一眼，她穿着淡紫色上衣、深蓝色长裙。

身高约一米六，头发应该有特别梳理过，散发出淡淡的洗发精香味。

由于我们的视线都朝向前方，我只能借着眼角余光看到她的侧面。

该不该趁排队的空当跟她说说话？

待会儿再说吧，现在太紧张了。

左前方17号女孩是班上同学，我想17号男孩或许会很失望，毕竟彼此早已认识，少了新鲜刺激感。

李君慧是19号，我转过头跟他聊几句，但其实是想看看19号女孩。

19号女孩看起来几乎跟李君慧一样粗壮，我很想笑但只能拼命忍住。

如果17号和19号的签都不好，或许夹在中间的18号签会不错。

一想到这里，我不由自主低声笑了起来，但随即掩住口。

这笑声吸引18号女孩转头看着我，我也下意识转头看着她。

视线相对时，我有些尴尬，不知如何应对。

“你好。”她先开口，“我叫杨玉萱，工管系大一。”

“你好。”我也说，“我是蔡修齐，水利系大一。”

她笑了笑，我也报以微笑。

这女孩会让我心里立刻选择形容词，我选的是标致。

以外貌而言，她是属于让我35%心仪的女生。18号签果然不错。

“我不太会跳。”她说，“待会儿请你多包涵。”

“不敢当。”我说，“我也不太会。”

“那么我们说好，待会儿我们都不要紧张。”

“好啊。”

这女孩应该来当心理社社员，因为她说的话让我的紧张感消失大半。

快轮到我们进场了，左手从口袋拿出舞会的票，右手要牵……

不对，她在我左手边，我应该要左手牵着她才对。

悄悄把票交给右手，然后缓缓向她伸出左手。

“不好意思。”我说，“可以牵你的手吗？”

“嗯。”她点点头，伸出右手，我轻轻抓着她的手指。

天可怜见，长这么大，这还是我第一次牵女孩子的手。

终于进场了。眼前几乎是一片漆黑。

我们这群人像是空降诺曼底的101师，得先在黑暗中试着集结。

但这有点难度，感觉四周都是人群，我只能确定李君慧在我旁边。

由于黑暗产生的不安，我没放开18号女孩的手，她也没抽回她的手。

等眼睛慢慢习惯黑暗后，才借由微弱的光线判断出同学的位置。

我怀疑这个可以容纳三千人的体育馆大概只剩中心一块区域是空的。

突然炮声大作，不，是音乐声大作，澎湃的节奏震得胸口快喘不过气。

绿色的激光束四散飞舞，莫非敌人是拥有激光武器的外星人？

开始打仗了，不，舞会正式开始了。

在欢呼声中很多对男女走进场中央跳舞，七彩旋转灯打在他们身上，忽明忽灭，色彩快速变换，感觉他们像是幻影，也像是鬼魅。

我下意识往后退了一步，左手也因而松开她的手指。

她转头看见我退了一步，也跟着后退一步。

我们互望了一眼，彼此交换了苦笑，算是谅解彼此的胆怯。

第一首舞曲刚结束，我和她竟然同时拍手，都忘了自己并不是观众。

20秒后第二首舞曲响起，可能因为已经适应了舞曲中的强烈节奏，我的胸口不再觉得喘不过气。

而且几乎所有人都下场跳舞了，呆站在场边反而比较怪。

“杨同学，”我鼓起勇气，“可以请你跳舞吗？”

“嗯。”她点点头。

感谢珊珊学姐，她们不仅教会我男生的舞步，也教我如何引领女生，如何注意女生的反应，毕竟这是双人舞，不是各跳各的。

18号女孩确实如她所说的不太会跳，但更准确地说，是几乎不会跳。

这点也早就在珊珊学姐的估计中，她们要我在让女孩转圈时，除了右手动作要流畅外，左手可以扶着女孩的手臂辅助转圈。

刚开始跟18号女孩共舞时，她的动作卡卡的，甚至会完全停顿，但后来就愈跳愈顺，舞步也跟得上节拍。

“你骗人。”舞跳完后，她说。

“嗯？”

“你刚说你不太会跳。”她说，“可是你跳得很好呀。”

“我只会基本舞步而已。”我说，“还有很多花式我不会。”

“你一定是谦虚。”

“我没有谦虚啊。我真的……”

话没说完，音乐声又响起，是那种旋律很柔和的情歌。

绿色的激光束不见了，只剩放慢脚步旋转的七彩旋转灯。

“杨同学。”我伸出左手。

“好。”她伸出右手。

牵着她的手走进场中央就定位后，我的左手掌轻托住她的右手掌。

右手轻靠在她的腰际，力道大概只穿透淡紫色上衣。

我猜淡紫色上衣里面不管是哪件衣服，应该都感受不到我的碰触。

而她的左手也是如此，轻搁在我的右肩上。

但我只穿一件上衣，皮肤触感较敏锐，还是可以感受到她手心的温度。

练舞时学长曾说，跳慢舞时一定要直视舞伴的眼睛，那么再坚硬的冰山也会融化，再怎么绝缘的物体也会导电。

珊珊学姐说这话基本上没错，不过要有先决条件。

如果长得不够帅，最好还是积点阴德，不要让女孩子晚上做噩梦。

我自觉长得不帅，而且对我这种从未跟女孩如此亲密的男生来说，要我直视女孩眼睛，简直就跟死刑犯要看着砍他头的那把刀一样艰难。

我猜她也是如此，所以我们虽然贴近到可以感受到彼此呼吸的程度，但我们的脸都微微偏右，避免视线相对。

这种音乐平时听起来会让人放松，但此时此地却有催情的作用。

我看到有些男生双手环抱着女生的腰，而女生双手也勾住男生脖子。

女生把脸趴在男生胸前，男生则把脸贴着女生的头发。

看起来不像是在跳舞，倒像是各自搂着棉被睡觉。

我啧啧几声，表示不以为然。

“怎么了吗？”她应该是听到了，视线从右方转向中间。

“你看他们。”我努了努嘴角，“想睡觉应该回家去睡啊。”

“你还蛮无聊的。”她转头看着我嘴角指示的方向，然后笑了起来。

我也笑了笑。笑容停止后，才发现我们的视线正好相对。

这状态大概只维持五秒左右吧，然后我们似乎都觉得尴尬，彼此交换了腼腆的笑容后，又各自将脸右转10度。

在这短暂视线相对的时间，我发觉她的眼睛很漂亮。

隔着20厘米看女孩子的脸，跟隔着一米看是不一样的。

有些女孩愈近愈好看，有些女孩则不能近看。她是属于前者。

我想我得修正一下，以外貌而言，她是属于让我40%心仪的女生。

而且在那短短的五秒钟内，我感受到一股微弱的电流缓缓流过全身。

这首慢舞曲子一结束，想睡觉的男女纷纷醒过来了。

但我和她还呆站在场中，似乎正在消化刚刚近距离接触所带来的感觉。

当我想提醒她走回场边时，另一首快节奏的舞曲又响起。

我们互望了一眼，笑了笑，便决定跳完这首曲子。

与第一次跟她跳快舞时相比，我几乎不再需要用左手辅助她转圈。

也许是跳得浑然忘我，我不知不觉跳出女生的舞步。

在引领她顺时针转圈时，我也跟着顺时针转圈，而且我的转速比较快。

在旋转动能的作用下，我刹车不及，竟把她扑倒在地。

“对不起。”我急忙站起身，然后扶起她，“你没事吧？”

她没回话，只是愣愣地看着我，眼神带点惊慌和委屈。

“对不起。”我再次道歉，“你受伤了吗？”

她还是没回话，只是摇摇头，然后用双手拍拍衣服和裙子上的灰尘。

“我……”我既惊慌又自责，不知道该说什么。

“你记下车号了吗？”她突然说。

“车号？”

“刚刚我好像被一辆车从后面撞倒，你记下车号我们才能逮到他呀。”

原本我很纳闷，但看了她的神情后才知道她在开玩笑，便笑了起来。

“我没事。”她笑说，“只是吓一跳而已。”

我跟她解释，因为之前跳了一个礼拜的女生舞步，可能是习惯成自然，才会不经意跳出女生的舞步。

“只可惜我不会跳男生的舞步，不然我们就可以交换着跳。”她说。

“如果你想学，我教你。”我说。

“好呀。”她点点头。

我们互换身份跳了一首快舞，坦白说，跳得还蛮顺的。

只不过因为我比较高，必须稍微蹲下身才可以顺利转圈。

旁边的男女看我们这么跳，都露出诧异的表情，有的甚至还停下舞步。

但她似乎很开心的样子。

我们一共跳了六首快舞（其中两首她扮演男生）、三首慢舞。

差不多有些累了，而且我也担心她的膝盖不知是否受伤，便决定离场。

本想知会其他同学，但同学们早已四散。

毕竟在这种热闹拥挤又黑暗的环境中，要聚在一起根本不太可能。

于是我们便直接离开体育馆。

刚走出体育馆，只觉得空气很清新，耳根也清静不少。

我的签运真的很好，她是校内的学生，又住宿舍，要送她回家只要陪她走回女生宿舍就可以了。

如果她住校外而且很远，对我这种只有脚踏车的学生而言，恐怕会很伤脑筋，大概只能搭出租车了。

陪她走回宿舍的路上，我们简单闲聊几句。

她说她是台北人，中山女中毕业，然后说起高中生活的趣事。

我突然也陷入高中乘公交车时，栀子花女孩在公交车上帮我拿书包的往事。

如果她也在本校或是在附近的学校，我想我应该会找她当舞伴吧。

或许没有勇气邀约，但最终我一定会鼓起勇气，我是这么相信着。

栀子花女孩啊，不再穿高中制服的你，会是什么模样?

“到了。”她说。

“嗯？”

“我宿舍到了。”

“喔。”我回过神。

“谢谢你。”她笑了笑，“我今晚很开心。”

她说谢谢的时候，眼睛直视着我，害我很不好意思，脸颊微微发烫。我略低下头躲开这种视线，发现她裙子上有一小块磨破的痕迹。

“啊？”我惊呼，“你裙子破了。”

“是吗？”她低头看了一眼，“破了就破了，你不用介意。”

“抱歉。我应该要赔的。”

“没关系。只是一件裙子而已。”

“不不不。”我拼命摇手，“这是一定要赔的。”

“真的不用赔。”她说，“你只要记住一件事就可以了。”

“什么事？”

“我叫杨玉萱。”

“我知道啊。”我很纳闷，“你说过了。”

“那么，你记得吗？”

“嗯？”

“我的意思是，你会记得我吗？”

我一时答不出话，只是注视着她说话时的眼神。

“你会记得我吗？”她又问。

“嗯。”我决定点头，“我当然会记得你。”

“那么你不用赔了。”

“这是两件事吧。”

“虽然是两件事，但你会记得我远比赔我裙子重要呀。”

“我还是可以既赔你裙子又记得你，这并不冲突。”

“你真是个老实人。”她笑了。

“可是……”我盯着她裙子上那块磨破的痕迹，愈看愈不安。

“蔡修齐。”

“嗯？”

“我也会记得你哦。”

她挥挥手，说了声Bye-bye后，直接转身离开。

我愣在原地，只能注视着她走进宿舍的背影。

Chapter 4

林依琦

我回到寝室才八点半，是四个人当中最早回来的。

阿忠在九点半回来，他的舞伴是班上女同学，叫林依琦。

他们跳完舞后一起去吃点东西，他再送她回女生宿舍。

“之前对她没什么印象。”他说，“但今晚觉得她实在很可爱。”

“她哪里可爱？”

“跳舞的姿态、讲话的口吻、微笑的表情等，全部都很可爱。”

他边说边傻笑，神情很陶醉。

小伟十点半回来，他是30号男生，他的舞伴原本在体育馆外看月亮。

他们九点离开体育馆后，也是一起去吃点东西。

“吃完东西后，她邀我去酒吧，我不想去，就回来了。”小伟说。

“你为什么不想去？”

“我对她没兴趣。”小伟摇摇头。

“既然没兴趣，为什么你还跟她去吃东西？”我问。

“舞跳完后应该会有点饿或是有点渴，身为男生请舞伴吃点东西应该算是基本礼貌。”小伟问，“难道你没请舞伴吃东西？”

“没有。”我摇摇头，“我直接送她回宿舍。”

“人家好歹也是你的舞伴耶！”小伟说，“你这样做太不上道了吧。”

“唉。”阿忠叹口气，“你的舞伴真可怜。”

我愣在当地，久久说不出话来。

他们说得没错，请舞伴吃点东西算是基本礼貌，但我当时完全没想到。

而且我还弄破了她的裙子，看她裙子磨破的部位大概在膝盖附近，说不定她的膝盖受伤了，可是我竟然忘了确定她的膝盖是不是真的没事。

阿忠说得没错，18号女孩确实很可怜。

啊？我答应过要记得她，她叫杨玉萱，不能再叫她18号女孩了。

阿忠和小伟不断数落我，我愈听愈羞愧，头也愈来愈低。

在我羞愧到几乎想打开窗户一跃而下时，阿忠突然说："十一点半了，李君慧怎么还没回来？他跟我同时离开体育馆耶。"

"我吃东西时也碰到他。"小伟附和，"照理说他早就该回来了。"

"那可未必。"我说，"他的舞伴看起来应该会吃很多。"

阿忠和小伟都笑了，因为他们和我一样，都看过李君慧的舞伴。

李君慧的女人缘一向很好，女生甚至会主动接近他。

在我还没跟班上任何一位女同学说过话时，他已能跟她们有说有笑。

事实上他也是最早跟班上四位女同学熟识的男生。

虽然他体型壮硕，却有一张老实脸，或许因此让女生觉得有安全感吧。

拥有这种天赋着实令人羡慕，只可惜他并不懂得善加利用。

李君慧终于在午夜十二点左右回到寝室，满身大汗、气喘吁吁。

"现在是冬天耶！"阿忠很惊讶，"你是去操场跑了十圈吗？"

"我只是载舞伴回家而已。"李君慧垮着脸。

"可是你只有脚踏车啊。"小伟问，"她住在附近吗？"

"她不是我们学校的学生。"李君慧摇摇头，"她家还蛮远的。"

李君慧说他原本想叫出租车送她回家，但她坚持要让他载。

"我告诉她我只有脚踏车，没有机车。"李君慧说，"但她说不介意，她只想让我载回家。"

“好可怕的意念啊。”我笑了。

“我只好用脚踏车载她。一路上我速度非常缓慢，竭力保持车身稳定，不让她有抱我的机会，载我奶奶时都没这么小心翼翼。”李君慧说，“好不容易抵达她家，根据爱因斯坦的相对论，应该已经过了一年。”

“但实际上只有一小时吧。”阿忠说。

“嗯。”李君慧点点头，“她说她一个人住，问我要不要进去坐坐。我摇摇头，说声再见，脚踏车瞬间变成法拉利，以光速离开现场。”

“回程你骑了多久？”小伟问。

“最多30分钟。”李君慧呼出一口长长的气。

我们四个聊到凌晨三点才睡，毕竟是舞会初体验，情绪都有点亢奋。

尤其当我讲到扑倒杨玉萱的时候，他们三个都笑到不支倒地。

阿忠在言谈之间，丝毫不掩饰对林依琦的好感，或许是在跳慢舞时四目交接，看对眼了吧。

林依琦是个活泼乐观的女孩，若他们真成为班对，我是乐见其成。

这年的最后一天，学生会请了些明星在校园里办户外演唱会。

阿忠邀了林依琦，但又怕太明显，便也拉了我、小伟和李君慧，营造出班上同学自然而然一起去欣赏演唱会的氛围。

林依琦也找了室友做伴，没想到她的室友竟然是……

“杨玉萱！”我几乎是叫了出来。

“谢谢你还记得我。”杨玉萱微微一笑。

“才过一个礼拜而已。”林依琦说，“如果他忘了，就太无情了。”

我原本以为这实在太巧了，好像是三流小说里才会出现的情节。

后来才知道这几乎是必然的结果，因为学长当初帮我们找舞伴时，最先想到的方法，就是拜托系上的女生去找她们的室友和朋友等。

于是杨玉萱自然就成为怨女团的一员。

“对了。”我问杨玉萱，“我那时忘了问，你的膝盖有受伤吗？”

“流血应该算受伤吧。”林依琦抢着回答。

“真的吗？”我很不好意思，只能连声道歉。

“擦破皮而已。”杨玉萱说，“你不要放在心上。”

“不。”林依琦说，“你一定要放在心上。因为还有红肿和瘀青。”

“你别听她胡说。”杨玉萱拍了一下林依琦的肩。

“真的是很抱歉。”我应该因惭愧而脸红了。

“还有裙子呢……”林依琦话没说完，杨玉萱便急忙捂住她的嘴。

“请让我赔那件裙子吧。”我说。

“这不是赔不赔的问题。”林依琦挣脱杨玉萱的手，“你以为女孩子第一次参加舞会时会随便穿件裙子吗？我可是和玉萱在百货公司里挑了很久才决定买那件裙子呢。”

“这……”我脸更红了，“那我该怎么做？”

“你该做的就是忘了那件裙子。”杨玉萱说，“晚会要开始了。”

可能是因为心情已被搅动的关系，台上表演什么我有些心不在焉。

我只觉得风有点大、人有点挤、音乐有点吵、林依琦有点多嘴。

隐约觉得有人拉了拉我衣袖，我转头一看，是杨玉萱。

“在想什么？”她问。

“没什么。”我说，“只是专心听歌而已。”

“哦。”她看了我一眼，意味深长地笑了笑。

“怎么了吗？”

“你都没拍手。”

“抱歉、抱歉。”

“干吗对我说抱歉？”她笑了。

“说的也是。”我也笑了。

“还在为我的裙子烦恼吗？”

“嗯。”我点点头，“我真的觉得很过意不去。”

“你真的……”她瞥见林依琦正看着她，便用手指着台上，改口说，“这首歌唱得真好听。”

“是吗？”我转头看着台上，“嗯，这个歌星确实很会唱歌。”

“她是演员。”

“喔，没错。”我立刻改口，“没想到她戏演得好，歌也唱得不错。”

“骗你的。”她说，“她是歌星。”

“这……”

“专心听歌吧。”她微微一笑。

晚会还没结束，但我们得赶在十一点半之前送她们回宿舍。

原本是六个人一团，走着走着渐渐分成三个小组。

阿忠和林依琦走在最前面，小伟和李君慧在中间，我和杨玉萱最后。

一路上林依琦喋喋不休抱怨宿舍的门禁没有因为今晚要跨年而取消，阿忠连声附和，语气和神情都很愤慨。

小伟和李君慧谈论刚刚某位女明星在这种天气穿短裙真是很够意思。

我和杨玉萱则只是走着，几乎不交谈。

“你真的不必介意那件裙子。”快到宿舍时，杨玉萱终于先开口，“那件裙子还在呀。你干吗要赔？”

“可是破了洞就不能穿了。即使可以补，也会不好看吧。”

“换个角度想。如果裙子没破，就只是一件可以继续穿的裙子而已。但现在却可以代表我第一次参加舞会时的美好回忆呀。”

“美好……吗？”

“嗯。”她点头，“毕竟不是每个女孩都有荣幸在舞会上被车撞倒。”

虽然她用的是开玩笑的口吻，但我的脸颊还是微微发烫。

“你膝盖的伤好了吗？”我问。

“早就好了。”她说，“可惜没留下疤痕。”

“可惜？”

“是呀。如果留下疤痕，疤痕便可以代表美好的回忆，我就不必留下裙子，那么你就得赔我一件裙子。既然没留下疤痕，我就只能留下裙子，于是你就不用赔我裙子了呀。”

我愈听愈奇，不禁停下脚步。

她见我没跟上，也停下脚步，回头说：“走吧。”

终于到了女生宿舍门口，离十一点半还剩十分钟。

阿忠把握这最后十分钟跟林依琦说话，杨玉萱只好站在原地等着。

小伟和李君慧已先离开，而我则用脑子消化刚刚她所说的那一串话。

“你在想什么？”杨玉萱走近我。

“嗯……”我迟疑一会儿，“那个明星到底是歌星还是演员？”

她笑了起来，笑声停止后，向我招招手，说：“耳朵借一下。”

我走到她身旁，微低下身，将右耳靠近她脸庞。

“嘿，蔡修齐。接下来我所讲的话都是真心话，请你一定要仔细听。咳、咳，开始了哦。请你不要介意那件裙子，也不要再为了撞倒我而愧疚。我从没有生气、讨厌、难过、不舍等负面情绪，相反的，我很开心。真的，我真的很开心。所以我很高兴认识你，很谢谢你带给我一个难忘的圣诞夜。请你要记得我，就像我会记得你一样。谢谢，先祝你新年快乐。晚安。OVER。”

她说完后立刻转身，拉着林依琦走进宿舍。

林依琦似乎措手不及，急忙边走边跟阿忠挥手告别。

在这么冷的天，她口中呼出的热气，透过我的耳朵流经全身。

我心跳加速，耳根和脸颊同时发烫，然后感到遍体酥麻。

在那瞬间，我又莫名其妙想起栀子花女孩。

这是我第二次因为杨玉萱而想起她。

原本我很纳闷，后来看到阿忠的神情，我便恍然大悟。

阿忠和林依琦应该正处于恋爱初期的暧昧状态，在这阶段，对方任何细微的言语和动作，都容易让人有微妙或异样的感觉。

其实在高中时候的公交车上，我便常有这种感觉，只是那时的我不懂。

也就是说，我并不是因为杨玉萱而想起她，而是因为跟杨玉萱在一起时的感觉而想起她。

跨年的瞬间，我待在寝室里，窗外的烟火声此起彼落，非常热闹。

栀子花女孩啊，我一定不会忘了你，我也很渴望再见到你；但我应该把你的一切收藏起，锁进记忆仓库中的某个柜子里。

就像旧的一年再怎么不舍，终究得离去，才能迎接新的一年。

期末考前一周的礼拜五晚上，是心理社本学期最后一次团体活动时间。

“学弟，”社长指着我，“今晚由你先讲吧。”

“我没什么好讲的。”我吃了一惊，“我19岁的人生像白开水一样，虽然平淡，但很健康。”

“即使是白开水，也有沸腾的时候。你就讲一些不寻常的经历吧。”

“有次我在福利社买了两个馒头，但店员不小心只算了一个馒头的钱。后来我到教室时发现了，又跑回福利社补了一个馒头的钱。”

“我说的是不寻常的经历。”社长说。

“这很不寻常啊。我竟然没装死，还很老实地去给钱。”

“谁要听这个！我要知道的是你跟女孩子的关系。”

“我跟女孩子的关系——尚未发生。”

“你到底要不要讲你以前跟女孩子之间所发生的事。”

“也没发生过什么事。”我摇摇头。

“喂，学弟。你不讲我们怎么知道为什么你有憎恨异性的倾向？”

“我没有憎恨异性的倾向！”

“那为什么你在圣诞舞会中无缘无故扑倒你的舞伴？”

“社长怎么知道？”我吓了一跳。

“你以为在舞会上扑倒女孩子是很常见的事吗？”

“应该很罕见吧。”

“所以这件事已经传开了。”社长说，“总之，就是因为你的潜意识里憎恨异性，才会扑倒她。”

“那只是意外而已。”我抗议，“跟潜意识无关。”

“人走在路上被车撞了，对人而言叫意外，但对车而言不是意外。”社长指着我，“而你就是那辆撞人的车。”

这话竟然有点道理，我一时词穷，无法辩驳。

“我是社长，我很专业。”社长说，“你还是乖乖讲吧。”

“说说看嘛。”怡珊学姐说。

“对呀。”秀珊学姐附和，“我们都很想听。”

珊珊学姐刚到，没想到来的时机恰好赶上凑热闹。

“珊珊学姐，我……”我开始结巴，“我真的……”

“支支吾吾、吞吞吐吐，他应该有话可讲只是不想讲。”怡珊学姐说。

“欲言又止、含糊其辞，他这不想讲的话应该很精彩。”秀珊学姐说。

“结论就是……”珊珊学姐异口同声，“我们一定要听！”

我想我能讲的，也是唯一可讲的，就是栀子花女孩。

我深吸一口气，再缓缓吐出，等胸口平静后，将脑海的时钟向前快转，回到1991年4月初，我第一次见到她的日子。

故事从我在公交车上跳国标舞开始，从此她便帮我拿书包和袋子。

总是刚好站在她面前、问她是否是混血儿时很糗、下车时简短两句交谈、被她说的下车小心制约、她上衣口袋的栀子花瓣、由栀子花联想到她、跟她讲冷笑话纾压、情人节的那张留言卡、升学压力下的简单问候……

直到最后一次在公交车上遇见她。

没想到过了半年多，脑海里关于她的记忆依然如此鲜明。

属于我和她的一切整理得井井有条，我不需努力回想或是拼凑记忆，记忆自然会按照时间先后顺序规则排列。

我猜是因为跨年夜那晚，我将所有关于她的记忆装箱并锁进仓库中时，就已经按照时间顺序整理完毕。

借由讲述的过程，我正好可以品尝跟她在一起时的点点滴滴，而她的细微动作依旧历历在目，她的简单问候仍然使我觉得温暖。

“是栀子花哦。”她说。

我仿佛看见她总是放在上衣口袋的栀子花瓣，也仿佛闻到栀子花香。

甚至当我讲到她最后的离去时，我又有置身于太空中的错觉，坐直的身体像是快要失去重量，飘到无穷无尽的宇宙深处。

“为什么你没问她的名字？”企管二学姐问。

“没想过要问。”

“既然知道她念的高中，我帮你去找那所高中的毕业纪念册，你比对照片就可以知道她的名字了。”材料二学长很热心。

“即使知道了名字，好像也不能改变什么。”

“可以改变啊！”土木三学长很激动，“你只要再想办法知道她目前在哪里念书，也许就可以再续前缘了。”

“离开当初的时空背景，我和她的缘分，大概就已经告一段落了。”

“你有没有想过，或许她也在本校呢。”建筑一的男同学说。

“啊？”我心头一惊，“我倒没想过会这么巧。”

“这很难说喔。”化工二学长说，“虽然她可能远在天边，但也可能近在眼前啊。”

“即使她凑巧也在本校，但上了大学后的我和她，应该各自会有新的美丽与哀愁。”我叹口气。

“可是……”

“够了，离题了。”社长打断企管二学姐的话，“我们现在是要分析学弟憎恨异性的原因，而不是帮他找到那个女孩。”

“学弟不会憎恨异性。”企管二学姐说，“他憎恨的是命运的捉弄。”

“不。他憎恨的应该是联考制度吧。”统计三学姐说。

“公交车座位太少也应该憎恨一下。”电机一的男同学说。

“要憎恨司机。如果他等学弟告白后再开车就好了。”中文二学姐说。

“我是社长，我很专业。”社长清了清喉咙，“让我开始分析吧。”

全场安静了下来。

“总之，学弟你……”社长说，“缺乏勇气。”

“喔。”我简单应了一声，不置可否。

“你似乎觉得缺乏勇气没什么大不了？”

“大概吧。”

“好。”社长说，“那我举例给你听。”

“请。”

“吞自己的口水不会觉得恶心，但吞别人的会。”社长说。

“嗯？”我很纳闷。

“就像拉屎一样，自己拉很爽，但别人看了会恶心。”

“社长可以举正常人能够理解的例子吗？”

“简单说，缺点就像大便一样。看到自己的大便觉得还好，但看到别人的大便就难以忍受了。”

“社长的重点是？”

“你看到自己缺乏勇气的缺点会觉得没什么，但我看到你这种缺点就难以忍受了。”

“社长言下之意，是指你很有勇气？”

“当然。”社长说，“我举个例子。”

“……”

“我高中也是念男校，学校附近有一所高中女校，我喜欢的女生就念那所女校。我每天放学都会先跑去女校门口，只为了见她一面。”

“看不出来社长是这么浪漫的人。”我说。

“嗯。”社长点点头，似乎很得意，“那所女校校长的观念很保守，她订了一条校规：学生跟男生说话记警告一次，牵手记小过一次，比牵手更亲密的话就记大过一次。”

“这么狠？”

“没错，确实狠。有一天我鼓起勇气……”社长指着我，“你听好喔，就是你缺乏的那种勇气。”

“是是是。”我频频点头，“社长教训得是。”

“当看见她走出校门口，我立刻冲上前，递给她一张纸条。纸条上写：如果你今晚不跟我去看电影，我现在就要跟你说话。”

“啊？”

“她读完纸条，内心挣扎着。如果不跟我去看电影，我就会跟她说话，那么她会被记一次警告。”

“那她的反应是？”

“她挣扎了许久，突然放声大哭。”

“然后呢？”

“女校门口的警卫就把我抓住了。”

“结果呢？”

“我的学校记了我一次警告。”

“我明白了。”我说，“从此社长便开始憎恨异性？”

“对，从此我就……”社长说到一半惊觉不对，改口说，“我的重点是告诉你我有多大的勇气，而这就是你所缺乏的。”

“坦白说。”我说，“我很庆幸没有社长的勇气。”

“原来憎恨异性的人是社长。”企管二学姐说。

“我没有憎恨异性，我很爱异性！”社长大声说。

“社长当然很爱异性，只是不被异性所爱而已。”土木三学长笑了。

原本我是团体活动时间的主角，现在却换成社长。

“社长，你为什么没先问那个放声大哭的女孩的名字？”企管二学姐说。

“社长，我可以帮你找那个放声大哭的女孩名字喔。”材料二学长说。

“只要知道放声大哭的女孩目前在哪里念书，社长就可以再写纸条了。”

土木三学长说：“不过这次要写：同学，求求你不要再放声大哭了。”

所有社员把握这个机会拼命糗社长，社长左支右绌，狼狈不堪。

看来我憎恨异性的罪名应该是沉冤得雪了。

团体活动时间结束，我一个人慢慢走回宿舍。

“学弟！等等！”

我停下脚步回过头，看见珊珊学姐朝我走过来。

“学弟，我有预感你一定会再见到她。”怡珊学姐说。

“我也有这种预感。”秀珊学姐说，“你们命中注定会再见面。”

“珊珊学姐。”我笑了笑，“我们是心理社，不是占卜社。”

“占卜社是告诉你将来会发生什么事。”怡珊学姐说，“心理社则是告诉你过去所发生的不好的事，就让它过去，不要介意。”

“而过去所发生的美好的事，将来一定会再发生的。”秀珊学姐说。

“我知道了。”我笑了笑，“谢谢珊珊学姐。”

“下礼拜的期末考要加油哦。”怡珊学姐说。

“千万不要不及格呀。”秀珊学姐说。

“我会加油的。”

我向珊珊学姐挥手告别，也算是挥别了这学期的心理社活动。

Chapter 5

萧文莹

期末考结束后就开始放寒假，我简单收拾了行李回老家。

寒假的日子很悠闲，除了找老同学聊聊天外，几乎没做别的事。

有时经过公交车站牌，我会停下脚步，回想以前同车上学的日子。

老家在城市旁边的乡镇，依公交车行驶路线来看，她或许住在隔壁乡镇。

如果她也念大学，这段时间应该也会回家吧。

我几乎有跳上反方向公交车的冲动，想碰碰运气看是否会遇见她。

但最终还是叹了口气，让双脚留在地面。

新学期开始的第一周就碰上西洋情人节，心理社办了传情活动。

这种传情活动不外乎就是帮人代送或代买礼物给指定的对象。

珊珊学姐也自制了一些精美卡片以供贩卖，帮社团赚点钱。

大一社员大概就是帮忙跑腿，负责代送或代买的服务。

需要这种服务的学生不少，毕竟缺乏勇气又想趁机告白的人很多。

光我一个人在情人节前两天内就跑了十趟代送、两趟代买并代送。

看来这学期心理社的经费应该不会太拮据。

情人节白天我跑了七趟、晚上跑了四趟，觉得差不多了便回寝室休息。

“这个拿去。”阿忠递给我一个包装好的东西，“帮我送给林依琦。”

“我们每天上课都会碰面，你不会自己拿给她吗？”

“这是情人节礼物，难道你要我在教室里交给她？”阿忠说，“万一被其他同学看到，我会被亏到死。”

“那你自己拿去女生宿舍给她啊。”

“你一定要我承认说我不敢吗？”

“好吧。校内30块、校外50块。”我收下礼物，“给我30块。”

收下阿忠给的30块，我立刻离开寝室跑到女生宿舍门口。

传统的做法是拜托正走进宿舍的女同学帮忙，请她上楼找人。

不过也不是每个女同学都肯帮忙，我找了第三个女生才肯帮我。

我告诉她林依琦的寝室号码，请她叫林依琦下楼。

然后我便耐心等待，直到五分钟后有人叫了我一声。

“怎么是你？”我回过头，看见杨玉萱。

“依琦不在。”她问，“你找她有事吗？”

“送东西给她而已。”

“我帮你转交吧。”

“这……”

我开始犹豫，毕竟将礼物送到本人手上是这种服务的基本职业道德。

“不方便吗？”她问。

“这是情人节礼物，我想亲自送给她。”

“你喜欢依琦？”她吓了一跳。

“你不要误会。我是帮朋友代送的。”

“是阿忠送的吧。”她笑了笑，“东西给我，我会转交给依琦。”

“那就麻烦你了。”我把礼物递给她。

“应该是巧克力吧。”她打量一下礼物的外观，并掂了掂重量。

“我猜也是。”

“你今天有收到巧克力吗？”她问。

“你说笑了。”我说，“当然没有。”

“那我请你吃巧克力吧。刚好有人送我一大盒巧克力，我吃不完。”她说，“不过你不要误会。”

“误会什么？”

“这可能会产生两种误会。第一种情况，是你觉得我在炫耀；第二种情况，是因为今天是情人节，请人吃巧克力可能有特殊意义。”

“你希望我不要产生哪种误会？”

她没回话，从口袋拿出两颗圆形金色包装的巧克力，递了一颗给我。

我伸手接过，见她开始拆开包装纸，我便跟着拆开。

“其实我请你吃别人送我的巧克力，好像不太厚道。”她说。

“那……”我已经把巧克力送到嘴边。

“你就当作是在路上捡到那颗巧克力吧。”她笑了笑。

“好。”我也笑了笑。

“在这种日子，两个人站在宿舍门口吃巧克力。”林依琦笑着说，“是想引起公愤吗？”

“喏。”杨玉萱拿出我交给她的礼物，“这是阿忠要给你的。”

林依琦伸手接过，神态颇为扭捏。

“要好好念书啊。”我说，“不要光顾着谈恋爱。”

“要你管。”林依琦瞪了我一眼。

既然任务已达成，我向她们说声Bye-bye后，便转身离开。

“喂，蔡修齐。”

我回过头，看见杨玉萱面对着我。

“我刚刚忘了回答你。”她说，“第一种一定是误会。”

说完后她迅速拉着林依琦走进宿舍。

我只能把“那第二种呢”的疑问吞进肚子里。

走着走着，我又想起栀子花女孩。

去年写的情人节留言卡，虽然写完后从未发现它挂在公交车吊环上，但上面写的文字，我到现在还记得大部分。

杨玉萱收到巧克力是意料中的事，毕竟她长得标致、个性也好。

栀子花女孩今天应该也会收到巧克力吧，她会很开心吗？

还是不要再想了，只要给予祝福就够了。

开学第二周的班会，班上的康乐股长和公关在会中请辞干部。

原本这学期的所有干部都是由上学期的干部无条件连任，因为大家懒得重新选举，而且大家几乎都不想当干部。

但现在康乐股长和公关请辞的理由非常充分，而且态度也坚决。

虽然上学期班上办了些活动，可惜完全没跟女孩子办联谊。

“没办任何联谊，我很抱歉。”康乐股长说。

“我很惭愧。”公关说，“我根本找不到女孩子跟我们联谊。”

总之，我们得改选康乐股长和公关。

先选康乐股长，有人提名李君慧，结果全体鼓掌叫好，连选都不必选。

看来班上同学跟我一样，都很清楚李君慧的女人缘是一种天赋。

“妈呀！”他知道当上康乐股长后所说的第一句话。

轮到选公关时，没想到林依琦居然提名我。

“蔡修齐在舞会上扑倒一个女孩，但她并没有怨恨他，甚至可能有点喜欢他。”她笑了笑，“搞不好他对女孩子有莫名的吸引力呢。”

结果这段话很有说服力，我也是连选都不必选就当了公关。

“妈的！”知道当上公关后我所说的第一句话。

“妈呀”跟“妈的”只差句尾的语助词，但意思应该差很多。

我回寝室后狠狠骂了阿忠一顿，他只是频频道歉，根本不敢回嘴。

但灾难已经造成，骂阿忠没有管好林依琦也无济于事。

所谓的公关就是负责找女孩子联谊，对我们这种男女比例悬殊的班级而言，公关是班上男生想认识女生的希望寄托，甚至是唯一的寄托。

难怪班会结束后一堆男生跑来跟我说："拜托了，修齐哥。"

哥啊哥地猛叫，我什么时候变成修齐哥了我怎么不晓得？

该怎么办呢？我交游不广啊，去哪里生出女孩子来跟我们联谊呢？

愈想头愈大，唯一的办法大概只能拜托心理社社员了。

中文二的学姐说她认识文学院三个系的活动承办人，可以帮我。

太好了，在这个男远多于女的学校中，文学院是唯一女多于男的学院。

我决定先找历史一的活动公关，便立刻跑到历史系找人。

我在教室外等她，她下课走出教室时，我上前表达来意。

这女孩的神色非常冷酷，好像是不会笑或者是早已丧失微笑的功能。

"水利系？"她眉头一皱，"那可能要等到端午节过后了。"

我赶紧拿出行事历，看看端午节过后还有什么日子可以联谊。

"端午节在期末考周，端午节过后就放暑假了啊！"我几乎大叫。

"是的。"她说，"我就是这个意思。"

"什么意思？"

"就是这学期要在端午节过后才可能跟你们联谊的意思。"

"你的意思是说，这学期不可能跟我们联谊？"

"是的。我就是这个意思。"

她淡淡说了声抱歉，面无表情转身离去。

有没有搞错？现在才刚开学而已，难道整个学期都没有时间吗？

看来文学院的学系太热门了，我得赶快联系其他两系的活动公关。

我又跑到中文系上课教室外等中文一的活动公关，当她走出教室时，我心里不禁赞叹：好飘逸的女孩啊，如果能跟你们联谊该有多好。

"还君明珠双泪垂，恨不相逢未嫁时。"她说。

"什么意思？"我问。

“就是还君明珠双泪垂，恨不相逢未嫁时的意思。”

“你的意思是说，很抱歉你们的行程已满，没办法跟我们联谊？”

“是的。我就是这个意思。”

她轻轻说声抱歉，然后微微转身，再缓缓跨步离去。

我猜这女孩要上课时，应该会多提早一些时间出门。

因为照她这种走路方式，原本五分钟的路程大概得走20分钟。

而且她过马路时也要很小心，因为大概走到一半就变红灯了。

不过这么飘逸的女孩，走起路来的背影还真是好看。

可是现在不是赞叹女孩子背影的时候，因为只剩外文一的女孩了。

我只能再跑到外文系上课教室外等外文一的活动公关。

外文一活动公关的外形非常亮眼，她顶着一头小波浪卷长发，而且发色染成金黄，闪耀的光芒好像安平的夕阳。

“我们很想跟你们联谊，you know。But，我们很busy的，you know。每个假日都已经有人约了，you know。这不是针对你，也不是针对水利系，you know。但我只能say sorry，you know。请你别见怪，你们一定可以找到其他girls，you know。”她说。

“I don’t know！”

这次轮到我说声抱歉后转身，头也不回地离开了。

我终于可以体会前任公关说他根本找不到女孩子联谊的苦衷。

但问题是现在的公关是我，如果这学期再找不到女孩子联谊，“拜托了，修齐哥”很可能会变成“拿命来！蔡修齐”。

怎么办？以我有限的智商和不多的朋友，我实在找不出其他解。

“无精打采、垂头丧气，他应该是为了某件事在伤脑筋。”

“愁眉苦脸、唉声叹气，让他伤脑筋的事情一定很棘手。”

“珊珊学姐。”我转头说，“救命啊。”

珊珊学姐说文学院的女孩没时间跟我们联谊几乎是必然的事。

不算其他学院，光工学院就有十几个科系，有些系一个年级还有三个班，但文学院仅三个系，每个系只有一个班，如果全校男生都找她们联谊，她们的联谊行程早就排到下个学年度了。

“而且水利系是冷门科系，不比电机、机械等热门科系，所以即使她们有空，大概也不会跟你们联谊。”怡珊学姐说。

“不然就试试管理学院的女生吧。”秀珊学姐说。

管理学院一般说来虽然也是男多女少，但男女人数相差不多。

可是我们联谊时只找女生，这好像会对她们班上的男生很不好意思。

“就找企管一好了。”怡珊学姐说，“企管一的女生比男生略多。”

“而企管的男生早已习惯别人找班上女生联谊。”秀珊学姐说，“反正那些男生也会自己去找别班的女生联谊。”

好吧，决定了。就找企管一的女生碰碰运气。

珊珊学姐很够意思，直接帮我跟企管一的活动公关约好时间和地点。

这样我便不必费心去查企管一的上课课表和上课教室。

我们约在女生宿舍附近的一座凉亭，时间是晚上七点。

“为什么是你？”我一看见她，不禁叫了出来。

“有问题吗？”她倒是一脸疑惑。

“你……”我因惊讶而有些口吃，“你对我有印象吗？”

“好像有点面熟。”她打量我的脸一会儿，“不过还是没印象。”

她就是我高中乘公交车上学时同车的那个营养不良的女生。

她的样子几乎没变，没想到上了大学后她还是吃不饱。

为什么是她在本校，而不是栀子花女孩在本校？

巧合这东西是有额度的，如果这个营养不良的女生已经在本校，那么栀子花女孩也在本校的巧合就微乎其微了。

虽然我说过离开当初的时空背景，我和她的缘分大概已经告一段落。

更说过即使栀子花女孩凑巧也在本校，但上了大学后的我和她，应该各自会有新的美丽与哀愁。

然而当我看见营养不良的女生凑巧也在本校时，竟然感到绝望。

原来在我内心深处的某个小角落，始终期待着巧合，始终期待着跟她之间还有未完的缘分。

“可以开始了吗？”她问。

“喔。”我回过神，“抱歉。开始吧。”

跟她谈联谊的细节还蛮顺利的，我们几乎没有歧见，很快就决定了联谊的时间、地点和形式。

“大概每个人交400块就可以了。”我算了算活动经费。

“不。”她说，“男生交500块，女生交300块。所以不是每个人交400块，而是平均交400块。”

“你是休尔吗？”

“嗯？”

“Are you sure？”

“是的，我很sure。而且所有活动的工作全由男生负责，女生只要负责玩就行了。”

“你是西瑞尔斯吗？”

“嗯？”

“Are you serious？”

“对。我很serious。”她说，“如果你不同意，可以不要联谊。”

“你提出这种要求不觉得太过分了吗？”我有点火了。

“请你搞清楚。是你们来找我们联谊，不是我们去找你们联谊。”

“所以我们就该交比较多的钱、做所有的工作？”我的火气加温。

“我刚刚说过。”她语气很平淡，“如果你不同意，可以不要联谊。”

“你说什么！”我的火气终于爆发。

“同学。”她的语气依旧平淡，“奉劝你别太激动，要控制脾气，不然将来在谈判桌上会吃亏的。”

“你把联谊当谈判？”

“是呀。联谊当然要谈判，我得为我们班女生争取最大的利益。”

“你……”

“说不出话了吧。”她说，“坦白说，如果不是因为学姐介绍，我们才不想跟你们工学院学生联谊。”

“为什么？”

“俗话说：工字不出头。这表示凡是有工字的，例如工程师、工人、工学院学生等，再怎么努力，大概也不会出头。”

“所以读商的就不能脱帽子？”

“嗯？”

“‘商’脱去帽子，就会变成‘冏’。”我说，“奉劝你最好随时戴着帽子，才不会一脸‘冏’相。”

“你……”她霍地站起身，手指着我。

“为了完美起见。”我将写着活动企划的纸弄平，然后递给她，“把这张纸平平地贴住下巴，才会构成完美的‘冏’字。”

说完后，我立刻转身走人。

我大概为了这件事足足气了两天，但气消了便觉得后悔。

我好像太冲动了，以她的立场，为班上女生争取最大利益并没有错。

让男生多出点钱应该可以商量，而所有工作由男生做好像也是惯例。

虽然她讲话很呛而且也带点挑衅，但忍一忍就过去了，何必计较。

也许当时我很介意为什么是她而不是栀子花女孩在本校，潜意识里责怪她用光了巧合的额度，甚至因而对她产生敌意。

不过事已至此，后悔太多也没用，应该没有挽回的余地了。

我跟珊珊学姐说抱歉，辜负了她们的好意。

“我们会计系也算是念商的，真的不能脱帽子吗？”怡珊学姐说。

“看来我得买顶帽子随时戴上，才不会一脸‘冏’相。”秀珊学姐说。

珊珊学姐互相看着对方的脸，然后哈哈大笑。

“这件事又传开了，是吧？”我叹口气。

“嗯。”怡珊学姐点点头，“恭喜恭喜，水利系黑了。”

“请节哀。”秀珊学姐说，“你只能找校外的女生了。”

“找校外女生？”我说，“那太简单了，凭我风度翩翩、一表人才，只要走到校外喊：谁想跟我们联谊？我想一定会有很多女生挤破头抢着要跟我们联谊。我只是担心得拒绝太多女生，她们应该会伤心难过，甚至是悲痛欲绝。一想到这里，我就觉得很悲伤……”

“学弟，够了。”怡珊学姐拍拍我的肩膀，“我们会帮你找到女生。”

“到时候记得要找康乐股长一起去，不要一个人去谈。”秀珊学姐说。

“谢谢学姐！”我喜出望外，连声道谢。

珊珊学姐透过高中同学的介绍，找到这城市另一所大学的女生。

跟她约在那所学校后门口附近的冷饮店，时间是礼拜天下午两点。

依照珊珊学姐的吩咐，我拉了李君慧一起去。

我们在店门口等了一会儿，直到有个女孩从店内走出来。

“请问是水利系的同学吗？”她问。

我和李君慧同时点头说是。

“请进来坐吧。”她说，“我已经订了位。”

长这么大，我还没听说过在这种传统的简陋冷饮店要先订位。

有了前几次被拒绝的经验，这次我特别诚恳，也格外小心翼翼。

我表明了想跟她们班联谊的意愿，也简述了联谊的活动形式。

她听我说话时脸上没什么表情，但那并不是冷酷，而是有一点点严肃。

“抱歉，我忘了先自我介绍。”她说，“我叫萧文莹。”

“你父亲是环保局长吗？”

“嗯？”

“因为你的名字好像是消灭蚊蝇这种口号。”

她看了我一眼，脸上依然没什么表情，但好像更严肃了。

“这名字真好听。”李君慧说。

“是吗？”她微微一愣。

“嗯。”李君慧点点头，“三个音都是平声，听起来既柔和又舒服。”

“谢谢你。”

她竟然对着李君慧笑了，而且是很开心的笑。这景象实在是太诡异了。

我仿佛看见一个老成持重的女人瞬间变身为天真无邪的少女。

“抱歉，我不太会笑，看起来应该很严肃。”她微微一笑，“同学都说我是外冷内热。”

“外冷内热？”我说，“你是保温瓶吗？”

她瞄了我一眼，刚刚的微笑瞬间冻结。

“你不是严肃，只是端庄而已。”李君慧说。

“谢谢你。”

她又笑了，而且还是那种很腼腆的笑。

“那个……”我试着言归正传，“萧同学，你觉得我们的提议如何？”

“嗯……”她想了一下，“我们学校校风比较保守，如果跟男生出去玩要先跟校方报备，而且校方不一定会准。”

“啊？”我很惊讶，“已经是大学生了，还会这样吗？”

“是的。”她皱了皱眉，“所以我有些为难。”

“你不用担心。我们这活动很单纯，不会有问题的。”我急忙解释，“我可以保证。”

“可是……”她似乎犹豫着。

“请你放心。”李君慧说，“整个活动一定既简单又好玩，而且我们一定会在晚餐时间前，将女生平安送回贵校。”

“真的吗？”她看着李君慧。

“我向你保证。”李君慧用力点个头。

“我相信你。”她又笑了，“那就跟你们联谊吧。”

两人相视而笑，多么温馨感人的画面，只差没有动人情歌当配乐而已。

怎么看都像是happy ending爱情电影里的最后一幕。

现在是怎样？

同样的话分别由我和李君慧说出来，真的差那么多？

我体内一定流着反派角色的血液，实在看不惯这种和谐美好的场面。

“如果你们学校不准，那该怎么办？”我竟然想泼冷水。

“我们会先报备。如果学校不准，那就来阻止我们呀。”她的语气很坚定，“反正无论如何，我们是去定了。”

“谢谢你。”李君慧笑了笑。

“不客气。”她也笑了，“我们很期待跟你们联谊哦。”

“我们一定尽力办好。”李君慧点点头，“绝对不会让你们失望的。”

“嗯。”她也点点头，“那就辛苦你们了。”

喂，当我是空气啊。

以前总觉得纳闷，为什么古代越坚贞、越具有传统美德的妇女，照理说她们应该越容易顺从父母的心意才对，可是情况却往往相反。

比方王宝钏就是典型的例子，贤惠的王宝钏为了要嫁给薛平贵，甚至不惜跟当相国的父亲三击掌，断绝父女关系。现在我大概明白了，原来萧同学是王宝钏、李君慧是薛平贵，而她们学校应该就是王宝钏的父亲。

总之，我终于找到要跟我们一起联谊的女生，心上石头总算落了地。

这要感谢李君慧，如果没有他，我这次大概也会失败。

出游的日子就定在四月下旬，期中考周的下个礼拜天。

地点在70公里外的水库风景区，可以烤肉、看风景、玩游戏。

还有一个多月可以筹备活动，时间很充裕。

“我怎么没听你称赞过林依琦的名字好听？”回寝室后，我说，

“林依琦这名字的三个音也都是平声啊。”

“林——依——琦。”李君慧念了一遍，“真的耶！”

“耶什么耶？”我说，“同样都是平声，为什么萧文莹的名字好听？”

“对。她的名字好听并不是因为都是平声，而是因为……因为……”他似乎恍然大悟，“因为她的名字真的是很好听。”

“好吧。”我叹口气，“就当我没问。”

“我跟你说一件事，但你别笑我。”他的表情很正经，“第一眼看到萧文莹时，我好像听到有人在我的脑海里喊：就是她！”

“那叫幻听。”我的语气很平淡，“可能是精神分裂的前兆。”

“你一定要相信我！”他急了，“我真的听到有人喊：就是她！”

“好吧。”我又叹口气，“我相信你。”

在联谊前，我和李君慧又跟王宝钏，哦不，是萧文莹碰面两次。

主要是讨论联谊当天的细节，坦白说这已经不算是我的工作范围。

因为公关的角色像媒婆，当媒婆撮合男女双方后，任务就结束。

至于婚礼的筹备和细节等，就由康乐股长全权负责。

但把工作全丢给李君慧很无情，更何况撮合双方的最大功臣其实是他，因此我也想帮忙处理活动的事宜。

可是第二次跟萧文莹碰面时，我几乎说不上话，只能听他们交谈。

他们虽然也讨论了活动细节，但大部分的时间都在聊天。

从头到尾，我只插上一句话，真的只有一句。

“我喜欢圆圆胖胖又毛茸茸的东西。”萧文莹说。

“原来你喜欢毛毛虫。”我说。

她看了我一眼，原本微笑的脸庞瞬间转为严肃。

李君慧可以让她笑得开心，而我则是让她恢复不会笑的本性。

第三次碰面是出发前两天的晚上，这次我完全没说话。

他们一直有说有笑，但谈话内容居然都没出现“联谊”这个关键词。

我专心扮演电灯泡的角色，反正是晚上，照亮他们两个也算功德一件。

我猜他们将来会在一起的概率应该是98％。

剩下的2％，1％是世界末日，1％是外星人来袭。

终于到了要联谊的日子，我在前一晚忙翻了，半夜四点才睡。

早上七点不到便被李君慧拉下床，起床后整个人昏昏沉沉。

上车后直接走到最后面的位置，一坐下倒头就睡。

身旁坐的是男是女我完全不知道，搞不好我旁边根本没坐人。

一个半小时后，终于抵达目的地。

熟睡后起身的我，小腿有些发麻，走路便摇摇晃晃，脚步踉跄。

走下车门阶梯时，小腿发麻感还没退，只好用双手抓着铁栏杆，借双手之力，缓缓下了一层阶梯。哇，脚好麻啊。

要再跨步的瞬间，听见背后传来一句话。

“下车小心。”

我脚下踩空，全身向前扑倒在草地上，跌了个狗吃屎。

Chapter 6

李清莲

我全身趴在草地上，正要挣扎时，有一股力量拉住我右手臂扶我起身。

“你没事吧？”李君慧问。

“没事。”我把口中的草屑吐出。

“你离开地球很久了吗？”他笑了笑，“不然干吗急着亲吻地球？”

我没回答，急忙摘下眼镜，用衣袖擦了擦，再重新戴上。

然后四处张望，只见一群男女往同一个方向前进。

“那个女孩呢？”我问。

“什么女孩？”

“刚刚在我后面的女孩。”

“我没注意。”他问，“是她推你下车的吗？”

“不是。”我换个方式问，“你有没有看到一个……”

“一个什么？”

我完全答不上来。

难道我要问：有没有看见一个穿着高中制服、皮肤白皙的女孩？

但这就是我脑海中她的影像，在我所有看见她的日子里，她的样子就是如此。

我知道她现在的样子一定不同，可是我根本不知道她变成什么样？

“喂，”李君慧摇了摇我身子，“你是不是撞到头了？”

“我很清醒。”我说。

是的，我很清醒，我不会听错，何况“下车小心”我听了100多次。

虽然由声音来判断一个人的误差很大，但她说下车小心时的语气……

没错，那就是她的口吻，只专属于她的口吻。

“这样有几根手指头？”李君慧伸出三根手指在我眼前晃啊晃。

“别吵啦。”

“到底几根啦？”他的手指还在晃。

“淡水再过去。”

“什么？”

“三根！”

我说完后撇下李君慧，往前快跑想找到她，毕竟我应该认得她。

“喂！”李君慧大叫，“你是工作人员，要帮忙拿东西啊！”

我只得停下脚步，不情愿地走回，然后到车上搬东西。

“你还好吧？”萧文莹在车上问。

“还好。”我抱起一箱矿泉水，准备下车。

“下车小心。”她说。

没错，同样一句下车小心，听起来是完全不一样的感觉。

这次联谊的男女共分成七组，每组十人，男女各半。

我、李君慧和萧文莹都是工作人员，工作人员不在分组名单内。

工作人员共有九人自成一组，勉强可算第八组。

我们得先整理中午要烤肉的物品，大致弄完后再回到团体中。

等我们加入团体时，大家似乎已经玩开了，欢笑声此起彼落。

我打算从第一组开始，仔细察看每一组的每一个女孩。

光明正大地盯着女生看是很不礼貌的，而且会让女生觉得不舒服，我只得偷偷地打量每一个女孩。

不过我并不是可以闲在旁边观察女孩，我得准备游戏节目的道具，得随时注意场上的气氛，也得加入游戏一起玩。

所以没办法静下心来比对每一个女孩和脑海中栀子花女孩影像的差异。

虽然如此，我并不慌张，我相信一个一个慢慢来，总会比对成功。

没想到竟然玩一个会在脸上抹面粉和涂颜料的游戏，多数女孩的白净脸庞在这个游戏中染上了色彩。

有些女孩搞不好连她父母都已经认不出来，那我还认个屁。

“这游戏到底是哪个混蛋想出来的？”我不禁咒骂。

“你。”李君慧说。

游戏时间结束后，女孩们纷纷跑去洗脸，太好了，洗干净一点啊。

接下来就是分组烤肉的时间，所有女孩都会围在七组烤肉架旁。

我把工作人员这组的火快速生起，生完火后我便离开。

“蔡修齐！”李君慧大叫，“先把脸洗一下吧。”

没错，我现在的脸上沾满面粉的白、颜料的红与黄、生火后的黑。

不洗干净的话可能会吓到她。

我赶紧把脸洗干净，五官已经不帅了，起码要干净吧。

我走到阿忠所在的第一组，假装关心生火状况，实则偷瞄每个女孩。

“嗯。”我站起身，“你们这组没问题。”

“什么叫没问题？”阿忠说，“连烟都没有啊！”

“有火才会有烟，你们根本没生起火，怎么会有烟？”我说，“所以当然没问题啊。”

“你还说没问题！”阿忠大叫，“你到底是不是来帮忙的？”

“我是来关心的。”我赶紧走开，“不是来帮忙的。”

我走到第二组，蹲下察看一会儿，便站起身。

“再扇点风，应该就可以了。”我说，“不过现在先慢着扇。”

“为什么？”班上同学问。

“因为如果烟太大，就看不清楚了。”

“什么？”

我没答话，只是绕着木炭堆走一圈，刚好逐一扫过这组的五个女孩。

“现在可以扇了。”我又立刻走开。

第三组和第四组也没有她，我开始有些慌乱。

才刚走到第五组便听见欢呼声，小伟所在的第五组，火已经生起了。

“恭喜恭喜。”我说。

我绕着木炭堆走，走到第四个女孩面前，不禁停下脚步。

“喂。”小伟说，“你要提供你的小腿来烤吗？”

我只得退开，压抑住剧烈的心跳，慢慢走回工作人员小组。

感谢老天，我应该找到她了。

很抱歉，我有时在考试前书念不完时，咒骂了您几声。

但我不是故意的，心地也不坏，只是嘴巴快了点。

谢谢您不计较，还能让我跟她重逢，谢谢。

我真的很感谢，请让我拜。

“你确定你没撞到头？”李君慧拍了拍正跪着的我。

“真的没有啦。”我站起身。

我可能太激动了，我需要冷静、需要思考、需要推论。

刚跟她视线相对的时间虽然很短，但应该有两秒钟吧。

那时我的眼神一定瞬间迸出灿烂的光芒，搞不好可以照亮整个宇宙。

可是她的眼神看起来似乎没什么变化。

也许她跟企管一的活动公关一样，只觉得我面熟，但认不出我。

然而如果她认不出我，大概会有两种可能：

一是她已经忘了我；二是其实她并不是她。

不管是哪种可能，都很要命啊。

我将视线朝向20米外，第五组的她。

身高大约165厘米，穿着白色长袖衬衫、蓝色牛仔裤，很轻便的打扮。

高中时的她戴着银色金属框眼镜，但现在的她没戴眼镜。

去掉眼镜的阻隔，眼窝会显得较深，五官也会因而较为立体。

如果一个女孩从未戴眼镜，有天她突然戴上眼镜，辨识度应该很高。

但如果女孩始终戴着眼镜，有天突然摘下眼镜，辨识度就没那么高了。

高中时她的头发从未过肩，但现在她头发长了，发梢还有烫过的痕迹。

在穿着上，我只看过她穿高中制服，从未看过她穿其他衣服。

那条像深蓝色温柔海洋的裙子我印象深刻，但她现在穿的是长裤。

因穿着而散发出的气质，高中制服和休闲装扮也会有些许不同。

至于她的身高，我完全没概念，因为以前的她始终是坐着的。

考虑眼镜、头发、穿着、气质、身高等因素已有明显差异，再加上十个月没见这个不确定因素，我对她的确认度或许没有100%，但应该有85%吧。

“萧文莹同学，你的名字真好听。”我说，“而你名字好听的原因，不是因为三个音都是平声，而是因为你的名字真的是很好听。”

“你想干吗？”萧文莹很纳闷。

“没什么。只是突然想赞美你的名字而已。”

“你到底想干吗？”萧文莹的眼神充满戒备。

“穿白衬衫的那个女孩……”我遥指第五组的她，“请问她叫什么？”

“你是说李白吗？”萧文莹看了一眼我指的方向。

“李白？”

“是呀。班上的同学都叫她李白。”

原本我想追问她的真名，但随即想到问到真名也没用，因为我本来就不知道她的名字。

“你知道她高中在哪里念的吗？”

“不清楚。”

“她老家在哪里？”

“不知道。”萧文莹说，“你要不要顺便问她爸爸是做什么的？”

“我干吗问她爸爸是做什么的？”

“那你干吗问她高中在哪里？”

“我……”

“你想知道什么，直接去问她呀。”

说得也是。我可能太紧张了。

决定了，直接走过去第五组，然后跟她聊几句就什么事都搞定了。

“你要去哪里？”李君慧问。

“我吃饱了。”我说，“想随便走走。”

“你吃饱了？”他很惊讶，“东西都还没烤熟啊！”

我没心思理他，迈开脚步，往第五组的方向前进。

才走了一半，脚步便牢牢钉在地上，不再往前。

她正跟几个同学聊天，有说有笑，气氛似乎很融洽。

如果我就这么杀进去认亲，会不会太唐突？

还是等一下好了，等她有空当，我再过去跟她说说话。

没想到她像是掉在地上的糖果，周遭自然就会聚集一些蚂蚁。

我等了十几分钟，始终等不到她独自一人的空当。

就这么站着实在是太奇怪了，我感觉有一些目光正投注在我身上。

虽然不满自己的胆怯，但始终鼓不起勇气向前，只好先撤退再说。

“你终于回来了。”李君慧说。

“喂，别光顾着喂萧文莹，也给我一片肉吧。”我说。

“你不是吃饱了？”

“谁说我吃饱了？”我大叫，“我都还没吃耶！”

“你……”李君慧指着我，说不出话。

“别理他。”萧文莹说，“他现在魂不守舍。”

“会不会是撞到头的关系？”李君慧问。

“应该不是。我猜他只是白目而已。”萧文莹问，“他平常白目吗？”

“非常白目。”

“那他现在很正常。”萧文莹笑了。

“原来如此。”李君慧也笑了。

喂，我就在旁边耶。

我一边吃烤肉，一边将视线不时朝向第五组。

没想到她的人缘真好，不管是同性缘或异性缘，因此身边总是有人。

肉已经烤得差不多了，烤肉结束后是自由活动时间，但我得收拾残局。

如果再不跟她说话，恐怕就没什么机会了。

“李君慧。”我说，“借一点你的天赋来用用。”

“什么天赋？”

“就是会让女生莫名其妙喜欢你的天赋。”

“我哪有这种天赋。”李君慧说。

“你当然有。”我说，“不信的话你问萧文莹。”

“你果然很白目。”萧文莹瞪了我一眼。

我一鼓作气走到第五组，不管她正跟人聊天，我直接站在她面前。

“你长得很像我高中时认识的女孩。”我说，“请问你认识我吗？”

“蔡修齐。”小伟笑了起来，“没想到你竟然用这么老套的话搭讪。你为什么不干脆说她长得很像你以前的女朋友。”

“或者说：你长得很像我下一任的女朋友。”有个女孩跟着笑。

其他人也都笑了，而她只是面露微笑，没有回话。

确认度85%下修成80%。

“不好意思。”我应该脸红了，“请问你是混血吗？”

“这句话有创意。”小伟说，“刮目相看喔。”

“她是混血没错。”刚刚说话的女孩说，“是仙女跟凡人的混血。”

“你这话说得好，给你拍拍手。”我竟然还给那个女孩鼓励。

而她依然面露微笑，笑容比上一句问话时明显，但她还是没回话。

确认度80%下修成75%。

“可以再问你问题吗？”我的脸更红了。

“可以。”她终于开口。

“请问你老家在哪里？”

“我是台中人。”她回答。

确认度75％下修成……

“抱歉。”我整颗心往下沉，沉到无底深渊，“打扰了。”

我转身走回，脚步有气无力。

如果她是栀子花女孩，那么她跟我一样是台南人。

既然她是台中人，那就表示我认错人了。

也许是老天跟我开了个玩笑，但这玩笑应该是善意的。

他一定知道我很思念栀子花女孩，于是安排一个外表很相似的女孩让我解解相思之苦。

烤肉结束了，各组也都分别带开去欣赏风景，我则专心收拾残局。

“水库旁有座凉亭的视野不错，你带萧文莹去逛逛。”我对李君慧说，“这里我来收拾就行了。”

“这样不好意思啦。”他说。

“赶快去吧。”我说，“有机会就要把握，不然只能空相思，到最后以为重逢了，结果却是认错人。”

“应该是撞到头没错。”萧文莹说。

“嗯。”李君慧点点头，“回去我再观察他几天。”

“情况不对的话要送医院。”

“我知道了。”

喂，不要再把我当空气了。

我把东西该丢的丢、该收的收，大致整理完毕。

去水库旁走走吧，既然来了，带着破碎的心去看看一大片水也好。

我独自走着，快到那座凉亭时，在路旁发现了矮栀子丛。

栀子丛里开出了几朵白色的栀子花。

是啊，现在是春末，刚好是栀子花开始绽放的时节。

可惜栀子花开得不是时候，起码不该是现在。

这只会让我触景伤情而已。

这座凉亭是方形的，可以俯视水库，空间很大，而且有两层楼。

第一层有几个游客正在泡茶，没想到第五组的人也在。

我有点尴尬，悄悄爬上阶梯到第二层。我坐在石椅上望着被群山环绕的那一大片清澈碧绿的水，虽说曾经沧海难为水，但眼前的景致还是会让人联想到沧海。

亲爱的栀子花女孩啊，如果你是沧海，那么我该去哪里找另一大片水来取代你呢?

凉风习习，吹得我眼皮沉重了起来，我背靠着石柱，开始打瞌睡。

“同学。”

恍惚间听见有人叫我，我半睁着眼，只见一团模糊的白。

揉了揉眼睛，这团模糊的白逐渐变成清晰的白衬衫。

我看清楚了，竟然是第五组的那个伪栀子花女孩。

我瞬间清醒，背部弹离石柱，整个人坐直。

“抱歉。”她说，“吵醒你了。”

“我……”我一定脸红了，“我只是在想事情而已。”

“烤肉时有很多人在场，我不好意思多说什么，请你别介意。”

“不。”我摇摇手，“是我太唐突，希望你别见怪。”

“我只是觉得纳闷而已。”她说。

说完后她微微一笑，这笑容似曾相识。

这个伪栀子花女孩会让我心里立刻选择形容词，我选的是清秀。

以外貌而言，她是属于让我60%心仪的女生。

百分之多少并不是重点，即使她的外貌让我100％心仪，但只要她不是栀子花女孩，那么对我来说也没有意义。

“烤肉时听他们叫你蔡修齐。”她问，“是修身齐家的意思吗？”

“这是官方的说法。”我说，“一般说法是，头发乱了走进理发院，老板问你：想剪什么发型？你便回答：只要修齐就好。”

“原来如此。”她微微一笑，“我不知道你这么健谈。”

我原本想接剑潭就在士林旁边，但还是硬生生忍住了。

“那你呢？”我问，“听说你的绰号叫李白，你很会写诗吗？”

“中学的国文课本在介绍李白时，开头不是都会写：李白，字太白，号青莲居士……”

“我明白了。”我恍然大悟，“你的同学跟我一样，都觉得你的肤色太白，太白太白，所以叫你李白。”

“是吗？”她有点疑惑，“这我倒没想过。”

“难道不是这个原因吗？”

“不是。”她摇摇头，“因为我就叫李清莲，只是清是清朝的清。”

“啊？”

“就是这么简单。”她笑了笑。

其实猜错她的绰号由来也没什么大不了，但我还是觉得不好意思。

“我可以坐下吗？”她问。

“抱歉。请坐。”我往右挪了一点，让可坐三个人的石椅空旷些。

“谢谢。”她在我左侧50厘米处坐下。

我们相隔的距离差不多是一个成年胖子的屁股宽度。

一个成年胖子的屁股宽度？

突然想起最后一次见到栀子花女孩那晚，我和她也是隔着这种距离。

连相对位置也没变，我坐在她右侧、她坐在我左边。

刚刚她唤醒我时，我坐着仰视她、她站着俯视我，这是我和栀子花女孩从未有过的视线相对角度。

所以我并不会因而联想起跟栀子花女孩相处时的情景。

但现在我盯着她正望着湖面的侧脸，那晚的情景却浮现在眼前。

我甚至可以隐约听到当时公交车行进的声音。

原以为我已淡忘那晚的情景，没想到却在此时重播，而且是如此逼真。

“这里的视野真好。”她面对着湖面。

“是啊。”我说，“天气好时，几乎可以将半座水库尽收眼底。”

“现在的天气算好吗？”

“嗯。”我点点头，“今天天气很好。”

“那我们真的很幸运哦。”

“第三句了。”

她愣了一下，随即笑了起来，而且是很开心地笑。

眼镜、头发、穿着、气质、身高等或许会改变，但我和栀子花女孩互动的感觉是不会变的，也忘不了。

我身旁的这个女孩，应该就是栀子花女孩没错啊。

到底是哪个部分出错了呢？

“你老家真的在台中？”

“嗯。”她点个头，“高二时因为父亲调职到台南的关系，我便转学到台南念高中。不过上大学后，父亲又调回台中了。”

我想起来了，栀子花女孩曾跟我开玩笑说：“因为我父亲是台中人、母亲是美浓人，所以我是中美混血。”

那么她……

我心跳瞬间加速狂飙，鼻子也仿佛闻到一股栀子花的香气。

但我已分不清到底是现实中的栀子花香气，还是记忆中的栀子花香气。

我只觉得这股花香很浓郁，好像眼前正绽放着栀子花。

“你是不是闻到花香？”

“嗯。”我点点头。

“是栀子花哦。”她从上衣口袋拿出一片白色花瓣。

我不禁站起身，回到最熟悉的角度，站着看坐下的她。

“请问你是混血吗？”

“我不是混血。”她笑了，“我只是贫血。”

我愣愣地看着她，眼角竟然开始湿润。

Chapter 7

Jenny

淡蓝的天、橙色的阳光、温和的风、眼前散发青春气息的女孩，我仿佛置身于高中上学时的公交车上，而不是在风光明媚的水库旁。

以前在公交车上遇见她时，常会有要出发去旅行而不是去上课的错觉。没想到现在已经在风景区了，心情却像是要到学校上课。

再度看见她，我的眼睛像海蚌一样，因重逢的刺激而分泌泪液。

但我现在可不是在太空中，因此泪水是有重量的，如果放任这种心情蔓延，泪水可能会沿着脸颊滑落，那就糗大了。

我定了定神，偷偷吸了一口气，然后挤了个微笑。

“我就是你高中时认识的女孩，而且我认识你。”

“谢谢你还记得我。”

“你几乎完全没变。”她笑了笑，“连下车时会恍神的习惯也没变。”

“昨晚没睡饱。让你见笑了。”

“还可以说第三句吗？”

“现在我不急着下车，你要说几句都可以。”

“可是我跟你说话很少超过三句，一时之间也不晓得该说什么。”

“但你已经说第四句了。”

她笑了起来，栀子花香气也随着她的笑容扩散开来。

那一瞬间，我深深地觉得，我真的喜欢她。

虽然我和她之前早已见了100多次面，不能算是初次见面，但我还是觉得这应该就是传说中所谓一见钟情的感觉。

她说今天早上要下车时才看见我，她吓了一大跳。

对她而言，我只是头发长了点和换了便服而已，其余都没变，因此她一眼就可以认出我。

原本她想跟我打招呼，但只来得及说声“下车小心”。

“你早上没摔伤吧？”她问。

“还好。”

“你怎么会摔成那样呢？”她笑了，“很像传说中的五体投地。”

“听到你声音的瞬间，我实在是太感动了，不得不五体投地。”

“这么说起来，你是因为我的声音才认出我？”

“可以这么说。”我点点头，“我是由那句‘下车小心’认出你。”

“真的吗？”她很惊讶，低下头口中念出十几次“下车小心”。

“没什么特别的呀。”她抬起头。

“你不觉得当你说‘下车小心’时，听起来像是……像是……”

“像是什么？”

“像是真的会出事的感觉。”

“胡说。”她笑了起来。

也许对她而言，“下车小心”只是简单的叮咛或是单纯的客套，但对高中时的我而言，“下车小心”却是我能从容下车的凭借。

到最后那晚，当她没说“下车小心”时，我甚至无法下车。

不过我怎么也没想到，重逢时的“下车小心”会让我跌了个狗吃屎。

“你怎么一直站着？”她抬头问，“你不坐下吗？”

“我习惯站着看你。”我低头说。

可惜没吊环，不然就很像以前在公交车上跟她相遇的情景。

“还是一起坐吧。”她微微一笑，“车上空位还很多。”

我又坐回原处，离她50厘米。

我们简单聊起分离后十个月来彼此所发生的事。

如果这十个月发生在高中，那我们大概不会有什么变化，但这十个月是发生在大一，那是从青涩迈向成熟的一个重要时期。

我相信不管内在或外在，我和她都会有所改变。

“李白！”有个女孩爬上楼，“该到别处逛逛喽。”

“知道了。”她先转头回应，然后站起身，“蔡修齐，我该走了。”

“我们还会再见面吗？”我也站起身。

“你老喜欢问一些深奥的问题。”她笑了，“我们还得坐车回去吧。”

“抱歉。”我有点不好意思，“待会儿车上见。”

无论是初识或重逢，我似乎总会问蠢问题。

但我现在的心情并不会像高中时那样，因为问了个蠢问题而耿耿于怀。

相反的，如果现在让我跳箱的话，七层高的箱子我搞不好会一跃而过。

难怪喜悦的心情可以用像雀鸟一样跳跃的“雀跃”来形容。

人们对快乐的记忆能力很薄弱，但对悲伤的记忆能力却非常强，所以我决定坐在这里努力记下此刻雀跃的心情，以免很快就遗忘。

然后我发现眼前的美景虽然称得上是壮观，但终究只是一大片水。

因为我是看过沧海的人。

回程的车上，我依然坐在最后面的位置，她坐在我前三排靠窗的位置。

车上有两支麦克风，大家把车厢当KTV包厢唱起歌来，气氛很热烈。

虽然无法跟她独处说说话，但可以跟她共乘一辆车，我已经很满足了。

我的心里非常踏实，即使歌声很吵，我也能安然入睡。

等我醒来时，已经到了她的学校，女孩们纷纷收拾东西准备下车。

趁着她排队等下车的空当，我鼓起勇气溜到她身旁。

"我们还会再见面吗？"我轻声问。

她没说什么，只是微微一笑，然后点点头。

"下车小心。"我说。

"你抢了我的台词。"她笑了起来。

我看着她下车然后站定，再转身向我挥挥手。

原本预期在未来的岁月中，我一定会常常带着一些遗憾、少许悔恨，回顾高中时代遇见栀子花女孩的甜蜜往事。

但现在心里面遗憾和悔恨的重量都已不见，整颗心很轻盈，宛如新生。

栀子花女孩啊，在栀子花开始绽放的时节又遇见你，这是否是注定？

与栀子花女孩重逢后，我的运气似乎也跟着变好。

两天后李君慧告诉我，外文一的女孩想跟我们一起参加合唱比赛。

这是学校办的比赛，规定每队要有20个男生和20个女生参赛。

但我在校内根本找不到20个女生，也不想因这种比赛麻烦珊珊学姐。

原本已经放弃合唱比赛，没想到竟然会有女生主动要求合作。

"外文系本来跟电机系组队，但后来闹僵，就拆伙了。"李君慧说，"她们现在想跟我们一起组队参赛。"

“为什么会闹僵？”我说，“还有，为什么是我们而不是其他系？”

“我不清楚。”他说，“别管那么多了，要不要跟她们一起参赛？”

“废话。当然要！”

虽然我不想再跟外文一那个拥有金黄闪亮头发的活动公关打交道，但如果能跟外文系女孩一起练歌，班上同学一定会乐疯了。

以我身为公关的立场，这种机会当然要拼命争取。

李君慧负责在班上筛选出20个男同学，竞争非常激烈，所有人无不铆足全力展现自己最佳的音色。

我本想只负责协调练习事宜，但最后竟然也入选男低音。

再次接洽金黄闪亮的外文公关，我心里颇为忐忑，毕竟上次不欢而散。

“对不起。”她说，“临时找你们组队，希望不会造成困扰。”

“哪里。”我说，“不仅不会困扰，而且是我们的荣幸。”

“你真会说话。”她微微一笑，“只剩下两个星期就要比赛，我们可能一星期要练五天。这样你们能配合吗？”

“没关系。一星期练七天也行。”

她笑了起来，笑容跟头发一样闪亮。

练习的时间不是问题，而且有钢琴的教室她也早就借好了。

我剩下的工作大概就是跟班上同学传达练习的时间和地点而已。

看她的样子，似乎不记得之前跟我接触过，这样我就放心了。

毕竟跟她接触的公关应该很多，而且两个月前我只不过见了她一面、谈了两分钟，她对我没印象应该很合理。

不过她非常客气，出乎我意料，也让我觉得上次的反应很失礼。

“请问你们选哪首歌参加比赛？”我问。

她先是低下头，再缓缓抬起头说：“《I Love You》。”

“啊？”我吓了一跳。

“我逗你的。”她笑得很开心，“《I Love You》是要比赛的歌曲啦。”

“喔。”我说，“外文系果然是选英文歌。”

“不。”她说，“这是日文歌，尾崎丰唱的。”

尾崎丰这名字我听过，讽刺的是，却是在他去年猝逝的时候。

不过尾崎丰的歌我没听过，而且唱日文歌会不会难度太高？

“为什么选日文歌？”

“可以让人知道外文系的学生不是只会英文呀。”

“可是日文歌对我们而言，恐怕……”

“不用担心。”她递给我一份资料，“这是歌本，练习要用的。”

我翻开第一页，在日文歌词下面还注记罗马拼音。

比方“今だけは悲しい歌聞きたくないよ”下面会注记：

i ma da ke wa ka na shi i u ta ki ki ta ku na i yo。

“看来应该没问题了。”我说。

练习时间是晚上七点开始，大约九点半结束。

班上同学在练习前会用心打理自己的外表，而且绝不迟到早退。

只可惜外文系的女孩对比赛非常重视，练习时几乎是不苟言笑，而且结束后直接回家，似乎不给任何请吃夜宵的机会。

外文一公关是女高音，虽然比起她们班同学而言算是活泼多话，不过每次练习时她也没跟我多做交谈。

或许看起来不像联谊，但可以认识这届大一学生中最正的外文系女孩，即使是要连续上三小时的微积分，班上同学应该也是甘之如饴。

在练习期间，我不止一次想打电话给李白，约她出来见面。

但一来练习结束后时间已晚，二来也想不出什么好借口约她出来，因此始终没打电话给她。

比赛前一晚练习完后，李君慧打电话给萧文莹，邀她来观赏比赛。

我觉得这是个跟李白见面的好借口，终于打了第一通电话找她。

“麻烦请李白听电话。”我说。

“你有病呀！”电话那头大叫，“李白死了一千多年了！”

然后咔嚓一声，电话挂了。

啊？怎么会这样？我记错她的寝室号码吗？

我手足无措，只得作罢。

比赛在晚上六点半开始，共16支队伍参加，我们是第七队上场。

刚上场时我很紧张，还好舞台上灯光够强，根本看不清台下的观众。

开口唱出第一句“I love you”后，紧张感便慢慢消失。

快九点时比赛结束，然后直接颁奖，我们竟然得了亚军。

外文一公关拉着我上台领奖，我和她一左一右抓着奖杯，台下快门声咔嚓不绝，闪得我快睁不开眼。

离开会场后，班上同学和外文系女孩就在门口围着奖杯猛拍照。

大家的情绪都很亢奋，笑声和欢呼声不断。

这时我才知道，原来外文系女孩也会笑，而且笑得如此开怀。

兴高采烈拍了十几张照片后，外文一公关悄悄走近我。

“来猜拳吧。”她说。

“猜拳？”我很纳闷。

“奖杯只有一座，我们来猜拳决定谁带走。”她说，“三战两胜。”

“喔。”我恍然大悟，“奖杯你们留着吧。”

“真的吗？”她似乎很惊喜，但随即面有难色，“那你们……”

“可以认识你们，就是最大的奖赏了。即使是一万个奖杯也比不上。”

她听完后愣了愣，然后露出微笑。

“要不要跟我们一起到校门口附近吃夜宵？”她问。

“当然好啊。”我说，“我们班的同学一定会很高兴。”

“那就好。”她笑了笑，说了地点后，便先离开。

我通知班上同学这个好消息，他们果然兴奋得大叫。

只剩李君慧没通知，我四处张望，瞥见他跟萧文莹躲在角落。

我赶紧跑向他们。

“外文系女孩约我们一起吃夜宵。”我说。

“这……”李君慧看了萧文莹一眼，“可以不去吗？”

“人家盛情邀约，不去会不好意思。”

“可是我临时有事不能去。”他又看了她一眼。

“你还是去吧。”萧文莹说。

“王宝钏你放心。”我说，“我一定不会让薛平贵跟代战公主聊天。”

“你在胡说什么。”她瞪了我一眼。

“对了。”我问萧文莹，“李白的寝室是326没错吧？”

“没错。”

“那为什么我昨晚转326时，接电话的人不认识她？”

“我怎么会晓得。”她说，“你可以直接转头问她。”

“转头？”

我不自觉转过头，竟然看见李白。

“那是我寝室的大三学姐。”李白说，“她不知道我的外号。”

“喔。”我还没消化突然看见她的震惊，只能含糊应了一声。

“她接电话时我在，我猜应该是你打来的。”

“你怎么知道是我？”

“就随便乱猜的。”

“那你怎么知道我想约你来看合唱比赛？”

“还是随便乱猜的。”她笑了，“没想到你们选了尾崎丰的歌。”

“你知道这首歌？”

“何もかも许された恋じゃないから，二人はまるで舍て猫みたい。”她轻声唱了两句，有别于尾崎丰的低沉沙哑，她的声音很清亮。

“你居然会唱这首歌？”我很惊讶。

“嗯。”她点点头，“我很喜欢尾崎丰。”

“该走了。”李君慧说。

“走去哪儿？”我还沉醉于李白的歌声中。

“你不是说外文系女孩约我们一起吃夜宵？”

“可以不去吗？”

“你不是说人家盛情邀约，不去会不好意思？”

“可是我临时有事不能去。”

“你还是去吧。”萧文莹突然笑了起来。

萧文莹拉着李白的手，跟我们说声Bye-bye，便离开了。

我和李君慧望着她们离去的背影，直到看不见为止。

然后我和他不约而同重重叹了一口气。

“走吧。”我们竟然又异口同声。

我和李君慧走到吃夜宵的卤味店，其他的人都到了。

有些同学正在自我介绍，这情景很吊诡，毕竟已经认识好一阵了。

我没有想认识其他女孩的兴趣，但看到同学跟外文系女孩聊得愉快，还是不免有身为公关的成就感。

我找了个角落坐下，惋惜刚刚没跟李白多说话。

“喏。”外文一公关在我对面坐下，递给我一杯饮料，“这杯给你。”

“这是什么饮料？”

“多多绿无糖少冰去多多。”

“原来是绿茶。”我说，“谢谢。”

“好厉害。”她笑了。

我看了她一眼，觉得这女孩有些古灵精怪。

“请容许我先自我介绍。我姓邱，英文名字是Jennifer。”她说，“昵称是Jenny。”

“邱同学你好。”

“你就是不肯叫我Jenny就对了。”她笑了笑。

“不是不肯。”我说，“我只是觉得珍妮应该不是珍妮佛的昵称。”

“哦？”她很疑惑，“什么意思？”

“珍妮如果努力修行，终于成佛，才可以叫珍妮佛。”

“你真的很funny。”她笑了起来，笑声响亮，但随即停止笑声，说，“抱歉。我又在句子中夹杂英文了。”

“这没关系啊。”

“真的是这样吗？”她睁大眼睛看着我。

又圆又大的眼睛，长长的睫毛，金黄的卷发，怎么看都像是个洋娃娃。

这女孩也会让我心里立刻选择形容词，我选的是可爱。

以外貌而言，她是属于让我55%心仪的女生。

我觉得还是该跟她坦承之前见过她，而且我当时的反应很鲁莽。

“其实我们在两个多月前就见过面了，那时……”

“我知道呀。”她打断我，“不然我干吗找你们一起参加合唱比赛。”

“啊？”我吓了两跳，一跳是她记得我，另一跳是她找我们的理由。

“我觉得对你很不好意思，之后便想找机会跟你们联谊。”

“不不不。”我赶紧说，“那时的我太失礼了。”

“讲话夹杂英文，是我的习惯。”她说，“你让我意识到这是坏习惯，所以我花了很大的工夫去改掉。”

“这应该不算是坏习惯。”

“我已经改掉了你才说。”她笑了笑，“you know是美式口头禅，没什么意思。不过你回答I don’t know还蛮有创意的。”

“抱歉。”我很不好意思，“因为被拒绝很多次，所以太冲动了。”

“请你相信，我真的是不得不拒绝你们的邀约哦。”

“嗯。”我点点头，“我相信。”

“对了。”我问，“你们为什么会跟电机系拆伙？”

“电机一的公关好像很喜欢我，但动作实在太积极主动了。”她说，“我不喜欢男生死缠烂打，又觉得困扰，就随便找个理由拆伙了。”

“因为私人因素而影响系上的活动，好像不太好。”

“你说得没错。”她吐了吐舌头，“这点你就比我伟大，你即使因为私人因素讨厌我，你还是会跟外文系一起参加比赛。”

“我……”我突然结巴，说不出话来。

初见她时只觉得她讲话中英文交杂有些刺耳，加上邀约又被她拒绝，导致我心情不愉快而已。或许因而迁怒于她，但应该谈不上讨厌她。

尤其她是那种可爱型的女孩，要讨厌她需要很大的理由。

不过我确实不喜欢她那头金黄闪亮的卷发，毕竟太刺眼了。

小染一下我可以接受，但染成这样也未免太夸张了。

“你应该也会觉得我的发色很突兀吧。”她说。

“这……”我迟疑一下，委婉地说，“是有一点。”

“我头发的颜色不是染的。”

“啊？”

“我爸爸是台北人、妈妈是纽约人。我在美国出生，十岁以后才回来。”她抓着一撮头发在脸颊旁晃动，“简单说，我是混血儿。”

我大吃一惊，原来她才是道地的中美混血。

我不禁细看她的五官轮廓，虽然很东方，但确实有些混血的味道。

之前误以为栀子花女孩是混血儿，没想到真正的混血儿在面前，我反而认不出来。

而且知道她不是染发后，我想我得大幅修正，以外貌而言，她是属于让我70%心仪的女生。

“抱歉。”我深感愧疚，“我一直以为你染发。”

“没关系。”她笑了笑，“你不是第一个、也不会是最后一个误会我是染发的人。坦白说，别人误会我不介意，也从不主动解释。”

“那你为什么要跟我解释呢？”

“因为我不想让你误会呀。”

她笑了起来，闪亮的金发不再刺眼，只觉得灿烂。

“还没请教您尊姓大名。”她微微一笑，笑容有些诡异。

“抱歉。”竟然忘了也要自我介绍，正喝绿茶的我突然呛到，咳了几声后说，“我叫蔡修齐。”

“蔡同学，你好。”

“Hello，Jenny。”

“等我成佛后，记得要叫我Jennifer哦。”

她笑得很开心，可爱的女孩原本就很适合笑，那样会更可爱。

送走外文系女孩后，我又突然想起栀子花女孩。

高中初见她时，或许为了找一个她一定和别的女高中生不同的理由，刚好她的肤色很白皙，于是认定她可能是混血儿。

后来认识久了，便不再有她像是混血儿的想法。

因为她已经够特别了，不需要再找其他理由来证明她与众不同。

如今遇见一个真正的混血儿Jenny，我反而没什么特别的想法。

李白，你像不像混血儿根本不重要，因为在我心里，你始终最特别。

隔天李君慧提议我们这间寝室聚个餐，在一家新开的简餐店。

后来林依琦和杨玉萱也到了，所以一共是六个人用餐。

餐后服务生推了一个点上蜡烛的蛋糕过来，大家开始唱生日快乐歌。

原来这是李君慧策划的活动，想给我惊喜。

我知道今天是我生日，但突然碰到这种场面还是会觉得惊讶和感动。

我吹熄了蜡烛，然后切蛋糕，接受大家的祝福。

“不要出声，也不要看着我。”坐我身旁的杨玉萱轻声说，“把手放在桌下。”

虽然很纳闷，我还是把原本搁在桌上的双手伸到桌下。

“摊开左手。”她依然压低声音。

我摊开左手，没多久手心感觉到一丝沁凉，眼角一瞥，看到一团金色。

“生日快乐。”她的声音更轻了，像是一阵轻微的喘息。

又偷瞄了一眼，才知道那是金属制钥匙圈，外形是一只金色的牛。

“谢谢。”我也低声说。

“不客气。小东西而已。”她依旧轻声，“先把它收好。”

“收好了。”我把它放进左边的裤子口袋，低声问，“然后呢？”

“然后就可以正常说话。”她笑了笑，“也可以看着我了。”

“刚刚好像是在做毒品交易。”我也笑了笑。

其他人正在聊别的话题，应该没注意到我和她之间的举动。

“你出生那天，有发生什么特别的事吗？”她问。

“5月12日是护士节。我父亲说那天护士都放假了，人手不够，所以是他进产房把我拉出来，脐带也是他剪断的。”

“真的吗？”

“我父亲应该是说假话，他只想让我觉得我出生那天是特别的而已。”

我问：“你呢？你是几月生的？”

“我的生日在暑假，大概没办法像你一样，有班上同学帮我庆生。”

“原来你是巨蟹座。”我说。

“你怎么知道？”她似乎很惊讶。

“暑假期间出生的通常是巨蟹座和狮子座，处女座也有可能。”我说，“但你应该不是狮子座，也不像是处女座，所以当然是巨蟹座啊。”

“好厉害。”

“我是随便乱猜的。”

“随便乱猜”一出口，我突然想起栀子花女孩。

昨晚比赛结束后，面对我的问题，她也是用“随便乱猜”一语带过。

我想她应该和我一样，虽说是随便乱猜，但一定有所本。

这也代表她对我有一定的了解，才有本钱随便乱猜，也才会猜对。

“你的生日愿望是什么？”杨玉萱问。

“嗯……”我想了一下，“目前只想要顺利毕业而已。”

“好。”她用食指蘸了一些蛋糕上的奶油，然后抹在我额头和脸颊上，“那就如你所愿，你可以顺利毕业。”

她笑了起来，不是那种恶作剧成功后的笑，反而是令人舒服的笑容。

我完全没有被捉弄的感觉，只觉得她的举动很可爱。

我突然觉得杨玉萱与栀子花女孩很相像，不是因为她们的外表，事实上她们的外表一点也不像，而是因为她们似乎共同拥有某种特质。

比方我看了某部小说觉得温暖，看了某部电影也有了温暖的感觉。小说和电影讲的是不同的故事，而且文字界面和影像界面也不同，但我从小说和电影中所感受到的那种温暖感觉几乎一模一样。

因为感受到同样的温暖，便有那部小说和那部电影很相像的错觉。

生日宴会结束后两天，又是心理社的例行活动时间。

由于联谊和合唱比赛的缘故，我已连续三个礼拜没参加团体活动。

已经是五月中了，这里的夏天来得特别早，即使是夜晚也有些闷热。

数学二学长正在讲他跟女友的爱恨情仇，他女友超迷Hello Kitty，常常要他到处收集跟Hello Kitty有关的物品，搞得他快疯了。

他越讲情绪越激昂，我却昏昏欲睡。

“连续三次活动不到，可能是想退社、受了伤、生了病、真的有事。”

“想退社会告诉我们，而且身体不像大病初愈，也没刚受伤的痕迹。”

“所以他是真的有事。但离期末考还有一个多月，应该跟课业无关。”

“除了课业外，还会为了什么事不参加社团活动？我猜跟女生有关。”

“珊珊学姐。”我转头笑了笑，“好久不见。”

“上次帮你介绍的女孩，你们班一定跟她们联谊了吧。”怡珊学姐说。

“那晚的合唱比赛，你们也跟某个系的女生组队了吧。”秀珊学姐说。

“谢谢学姐，联谊很成功。合唱比赛跟外文一搭档。”我点了两次头，“而且你们的预感真的很准，我果然又遇见栀子花女孩了。”

“真的吗？”珊珊学姐同感诧异。

我正打算细说从头时，数学二学长突然大喊：

“我要打到Kitty不敢说Hello！”

全场瞬间安静，我和珊珊学姐也闭上嘴，视线同时朝向数学二学长。

“冷静点。我问你。”社长说，“在女朋友面前，你会自己做吗？”

“社长，你好恶心。”数学二学长说。

“不。我是说，在女朋友面前，你会做自己吗？”

“应该会吧。”

“那么你干脆问她：我和Hello Kitty只能选一个，你要选哪个？”

“她应该会选Hello Kitty。”

“我猜也是。”

“那你还叫我问！”数学二学长大叫。

“问问看嘛。如果她选择你，问题就解决了。如果她选Hello Kitty，你就说：求求你再给我一次机会，我一定努力收集Hello Kitty。”社长说，“如果不想失去她，就勇敢做个害怕失去她的自己吧。”

社长下了结论，虽然这结论没什么建设性，但好像有一点道理。

之后大家便开始闲聊，然后话题转向最近闷热的天气。

由于宿舍还没装冷气，只有天花板悬挂的那种旋转风扇，因此晚上常因燠热而难以入睡，大家便分享降温的方法。有人说睡前洗冷水澡不错，有人说在风扇前放一大块冰很有效。

“这些都只是治标，我有治本的方法。”社长说。

“之前我也被天气炎热难以入睡所困扰，于是我试着每晚喝热开水，洗很热的热水澡，穿外套、盖厚棉被睡觉。刚开始真的是快中暑，但是试了几个月，差不多到了12月左右，我就完全不觉得热了。”社长说，“所以我觉得这几招真的很有效，你们也应该试试。”

一阵凉风吹过，所有的人面面相觑，根本说不出话来。

“社长是认真的吗？”我低声问珊珊学姐。

“嗯。”怡珊学姐点点头，“他很认真。”

“再忍耐一下，下学期就换社长了。”秀珊学姐说。

“所以现在是黎明前的黑暗吗？”我说。

“没错。”珊珊学姐笑了。

活动结束后，我将与栀子花女孩重逢过程的细节说给珊珊学姐听。

“学弟。”怡珊学姐说，“这种失而复得的缘分，一定要好好珍惜。”

“嗯。”我点点头，“我会的。”

“如果不再相遇，美丽的故事可以成为美好的回忆。”秀珊学姐说，“不过如果美丽的故事继续，那就要小心翼翼。”

“为什么要小心翼翼？”我问。

“因为要押韵。”怡珊学姐笑了。

“我的意思是，如果你们不再相遇，她会成为你人生中的美好回忆。”秀珊学姐说，“但偏偏又相遇了，你一定会想延续你们之间的故事。”

“这样不好吗？”

“当然很好。”怡珊学姐说，“但别的美丽故事可能就不会发生了。”

“而且如果你们的故事继续下去的结局并不美丽，那么你连美好回忆都有可能会失去。”秀珊学姐说。

我仔细思考珊珊学姐所说的话，越想越觉得有道理。

与栀子花女孩重逢绝对是出乎意料的幸运，是上天的恩泽，我很感恩。

但也确实如珊珊学姐所说，我目前一心只想更接近她、更了解她，心里根本没有任何空间可以住进其他女孩。

如果我没有和她重逢呢?

与栀子花女孩分别的这期间内，我认识了一些女孩。

标致的杨玉萱、可爱的Jenny，都让我有所感觉。

甚至当李白还是伪栀子花女孩时，我对清秀的她也有所感觉。

如果栀子花女孩不再出现，那么她将是我人生中的美好回忆，然后我跟杨玉萱或Jenny或许会发生新的美丽故事也说不定。

珊珊学姐曾经跟我玩过一个测试受暗示性的心理游戏。

她们要我水平伸出双手，掌心朝上，闭上双眼。

然后说我的左手绑了一个向上飘的气球，右手绑了一块很重的石头。

几分钟过后，我左手向上、右手向下，双手之间的差距还蛮明显的。

她们说这代表我的受暗示性算强。

我知道栀子花女孩在我心里占据着最特别的位置，无可取代。

但我开始迷惑，是否因为我潜意识里太珍惜高中那段美好的回忆，以致重逢后，我便受到暗示，认为这是上天的注定、命运的安排，于是我更喜欢栀子花女孩、更觉得她的地位无可取代?

离开共同搭乘的公交车，我和她同时回到地面上，然后走来走去。

我们还会像以前一样吗?

Chapter 8

徐雅玲

炎热的天气能在教室里上课反而是种幸福，因为教室有冷气。

下课钟响后，我还多待了几分钟才依依不舍离开难得的凉爽。

刚走出教室，看见Jenny跟班上几个同学聊天，我很惊讶。

顿了顿后，我朝她笑了笑、点个头、挥挥手，便转身离去。

“喂。”她的声音从背后传来，“那个……”

我停下脚步，转过身，手指着鼻子。

“对呀。我找你。”她笑了笑，“你的名字很难记。”

“喔。”我简单应了一声。

她向班上同学说声Bye-bye，便走向我。

“看到我不开心吗？”她问。

“不。”我说，“我只是惊讶而已。”

“你好像不喜欢被打扰，我干脆帮你取个英文名字，就叫Jack。”

“Jack跟不喜欢被打扰有关吗？”

“有呀。”她说，“如果你叫Jack，就不太会有人跟你打招呼。”

“为什么？”

“因为Hijack是抢劫、劫机的意思。如果跟人家打招呼说：Hi，Jack，人家会以为要抢劫。”

“是吗？”

“是呀。”她点点头，“在美国，很多飞机上都严禁跟Jack打招呼。因为只要跟Jack打招呼，就会引起惊慌。所以在美国不喜欢被打扰的人都会叫Jack，这也是为什么叫Jack的人那么多的原因。”

“你是说真的吗？”

“你说呢？”她大大的眼睛眨啊眨的，眼神尽是笑意。

我真的觉得这女孩古灵精怪。

“原来你是来这里帮我取英文名字的。”

“当然不是呀。我是来问你们想不想跟中文一办舞会。”

“当然想。”我很纳闷，“可是中文一有时间吗？”

“中文一的联谊活动确实很多，但都是在假日。你只要挑个非假日的晚上办舞会就可以了。”

“为什么是舞会？”

“大家都觉得中文系女孩很有气质，于是联谊都是知性之旅之类的，根本没有人找她们办舞会。所以她们想办场舞会换换口味。”

“最后一个问题。”我问，“为什么找我们？”

“因为你们班不错呀。”她说，“我跟中文一公关很熟，她说她们班想办舞会，我第一个就想到你们。”

“那真是太感谢了。”

“不过形式上还是要你主动过去邀请她们才行。”

“嗯。”我点个头，“我知道。”

“唉。”她突然叹口气。

“怎么了？”

“大热天跑了一段路来这里，结果连杯水也没有，真是令人感伤。”她拿出手帕擦了擦额头，“现在擦的，不知道是汗水还是泪水。”

“泪水不会流到额头上。”我笑了笑，“抱歉，我请你喝杯饮料。”

我到自动贩卖机买了两罐冷饮，跟她走出系馆找了阴凉的角落坐下。

我们静静喝着冷饮，没有交谈，只有偶尔微风吹拂树叶的沙沙声。

“Hi。”她停顿三秒后，说，“Jack。”

我先是愣了愣，随即笑了起来，她也跟着笑，我们才算打破沉默。

“你们班不想办舞会吗？”笑声停止后，我问，“可以找我们啊。”

“当然想。”她说，“但是不行。”

“为什么？”

“你说过的，不能因为私人因素而影响系上的活动，不是吗？”

“你有什么私人因素？”

“我喜欢你呀。”她说，“但我不能因为喜欢你就跟你们班办舞会。”

我瞬间脸红耳赤，讷讷地说不出话来。

“我待会儿还有课。”她站起身，笑了笑，“先走了，Bye-bye。”

我呆呆地目送她的背影，连Bye-bye也没说。

果然是在美国出生的人，表达情感这么直接干脆。

也许她是开玩笑，也许她所说的喜欢只是单纯的喜欢，没特别含义。

Jenny的背影才刚消失，我立刻想起栀子花女孩。

而且就像生日那天莫名其妙觉得杨玉萱与栀子花女孩很相像那样，我竟然也觉得Jenny和栀子花女孩共同拥有某种特质。

或许混血是个因素，但栀子花和向日葵根本是两种完全不一样的花，我为什么会有Jenny和栀子花女孩很相像的错觉？

这实在太诡异了。

栀子花女孩现在很可能在上课，但我按捺不住想听她声音的冲动。

“请问李清莲在吗？”电话拨通后，我说。

“你是她的同学？亲人？还是朋友？”

“算朋友吧。”

“普通朋友？还是男朋友？”

“普通朋友。”

“就是只有纯粹友情的普通朋友？”

“嗯。”

“你觉得异性之间有纯粹的友情吗？”

“嗯……”我想了一下，“应该有吧。”

“异性之间或许有纯粹的友情。可是所谓的纯粹友情，也许只是情感浓度不足以成为爱情的友情，或是不想成为爱情的友情，或是不应成为爱情的友情，或是对方不接受爱情所以退而求其次谈友情。”

电话那头问：“这四种状况，你是属于哪一种？”

“第一种吧。”我说，“情感浓度不足以成为爱情的友情。”

“也就是说，如果哪天情感浓度够了，你会想发展成爱情？”

“呃……”我不想回答这问题，“李清莲在吗？”

“先回答问题。”

“应该是吧。”我有些无奈，“李清莲到底在不在？”

“如果她在，我还需要跟你说这么多吗？”

“这……”

“Bye-bye。”电话挂了。

刚刚的声音听起来跟上次的一样，应该是她寝室里的大三学姐。

如果我每次打电话给李白，都得过她学姐这关，那实在太伤脑筋了。

栀子花女孩啊，看来我们虽然重逢了，但应该还有很长的路要走。

隔天我去找中文一的活动公关，下课钟响后，她是最后走出教室的人。

但这不是因为她像我一样眷恋教室的凉爽，而是因为她走路真的很慢。

她知道我的来意，所以我没多费口舌，只说时间定在星期四晚上七点，舞会场地我会找，其他杂事也一并交给小的我来处理就好。

“有劳您费心了。”她说。

这女孩虽然无法让我用可爱、甜美、漂亮、清秀、标致来形容，但还算长得不错，气质也很好，尤其是背影真的很美。

不过对我这种理工科学生而言，只要女孩身材瘦高、留一头长直发，大概就可以称之为有气质。

像这样的小型舞会，男生人数最好略多于女生，至少得相同。

如果男生比女生少，代表每支舞一定会有女生被晾着，那就不好了。

舞会前我也再三交代班上同学，如果有女生坐着，一定要上前邀舞。

所以舞会中如果有女生坐着，只代表她暂时不想跳，而不是没人邀。

按照惯例，男女双方的公关会跳第一支舞，算是开舞。

这场舞会的第一支舞是快舞，我向前邀约，她缓缓站起身。

第一支舞只有我和她跳，坦白说我有点紧张，也有压力。

没想到她平时动作慢，连跳舞也跟着慢，像是用慢动作在跳快舞。

原本一拍该转180度，但她两拍只能转90度。

好不容易把舞跳完，我已满身大汗，而且被她影响，我走路也变慢了。

第二首舞曲响起，班上同学纷纷起身邀舞，这算是好的开始。

前后有三个同学向中文一公关邀舞，但都被拒绝，看来她似乎想休息。

我站在场边留意是否有女孩被冷落，也观察场上的气氛。

几支舞过去了，状况都还OK，我总算可以放心了。

看了看四周，瞥见中文一公关站在角落窗户旁，便向她走去。

“帮我好吗？”她看我走近，便说，“窗户我打不开。”

“这是气密窗，比较难开。”我问，“你开窗做什么？”

“我要开窗，让夜进来。”

“夜？”

“夜在外面很孤单。”她说，“这里很热闹，我想开窗让他进来。”

“你是认真的吗？”

“请你帮我。”她看着我，表情很正经。

按捺住满肚子疑惑，我用点力，打开了气密窗。

“这里气氛真好。”她说，“不是吗？”

“嗯。”我点点头。

“所有人都开心地跳着舞，我们也加入吧。”

“好啊。”

“对不起，我不是跟你说话。”她看了我一眼，“我在跟夜说话。”

“啊？”我无法置信，愣愣地看着她。

“你是不是觉得我疯了？”

“不。”我很想说是，但还是礼貌性地回答不。

“我比较多愁善感，让你见笑了。”她说，“我真的觉得夜很孤单，该陪他说说话。”

“你请继续。”我说，“不过夜既然进来了，是否该把窗户关上？”

“为什么？”

“这里音乐声很大，开窗可能会吵到星星、月亮和路灯之类的。”

“好吧。”她微微一笑，“那记得舞会结束后，要再把窗户打开哦。”

“嗯。”我点个头，然后把窗户关紧，以免邻居抗议。

整场舞会除了第一支舞外，她很少接受邀舞，通常是静静坐着。

但有支慢舞她竟然独自一人下场跳，班上同学都看傻了。

我猜这应该是她想陪夜跳舞的缘故吧。

舞会结束后，我再去把气密窗打开，好让夜能离去。

“夜想跟你说声谢谢。”她说。

我不知道该说什么，只能说不客气。

送走中文系女孩后，我立刻拨电话找栀子花女孩。

“请问李清莲在吗？”

“你就是那个目前是普通朋友，但有朝一日想跟她发展成爱情的人？”

“是。”我在心里叹口气，又是那个学姐。

“你跟她有进展吗？”

“你只要不接电话，或许就会有进展。”

她竟然笑了，而且笑得很大声，笑声透过话筒传来，有些刺耳。

我觉得这女孩可能有病。

“那么李清莲在吗？”她停止笑声后，我再问一次。

“你猜。”

“我猜她应该不在吧。”

“你猜对了。Bye-bye。”她挂上电话。

看来我今晚大概会跟夜一样孤单。

隔天下完课，走出教室时，又看见Jenny。

“Hi，”停顿三秒后，她说，“Jack。”

“Hi，Jenny。”

“昨晚舞会很顺利吧。”她说，“诗雅对你可是赞誉有加呢。”

“诗雅是谁？”

“中文一公关呀。”她很讶异，“你不知道她的名字吗？”

“她没说。”我摇摇头，“我也没问。”

她淡淡笑了笑，笑容有些诡异。

“你是不是早就知道她有点……”我想了一下，“有点不寻常。”

“你怎么这么说。”她笑了，“她只是稍微多愁善感而已。”

“岂止是稍微，那叫很严重。”

“你知道吗？天气很冷时，她晚上会把窗户打开，让夜进来取暖。”她笑了起来，“她的室友都快疯了。”

“你为什么不事先警告我？”

“我相信你一定可以搞定。”

“那你今天来找我是？”

“历史一也想办舞会。”

“你老实告诉我，历史一公关是哪里有毛病？”

“她很正常，只是凶了点。”她又笑得诡异，“到时你就知道了。”

“喂。”

“别忘了你说过，不能因为私人因素而影响系上的活动。”

"你似乎很介意这句话。"

"是的，我很介意。"她笑了笑，"我还有课，先走喽。"

上次看见历史一公关时，只留下她很冷酷的印象。

再次与她碰面时，这样的印象并没改变，而且更强烈。

但老话一句，不能因为私人因素而影响系上的活动。

我跟她说舞会场地已找好，时间定在下星期二晚上七点。

她只是点头，没多说话，连一声客套似的谢谢也没有。

场地跟上次一样，班上同学已经熟悉，也无须再交代他们要邀舞。

第一支舞是慢舞，我左手轻托住她右手时，她没说什么，但右手才刚碰触她的腰部，便听见她说："放手。"

"抱歉。"像是碰触灼热的物体，我的右手瞬间弹开。

"牵手是我的底线。"她说。

"可是……"我有点无奈，"可是舞姿是这样啊。"

"你可以再把手放在我腰部试试看。"

结果我除了左手轻托住她的右手外，右手也轻托住她的左手。

这样的舞姿诡异极了，根本不像跳舞，像武侠小说中的运功疗伤。

只不过我们是站着运功，不是盘坐着，而且还要随着音乐摇来摇去。

舞会的开舞竟然是这种状况，我猜同学们一定吓傻了。

而且我觉得好丢脸。

第一支舞结束后通常大家会拍手，甚至是欢呼。

但我跟她跳完后根本没有人拍手，而且音乐结束后全场一片静寂。

第二首舞曲响起，班上同学仍然呆坐着，我赶紧用眼神示意小伟帮忙。

小伟点头后立刻起身邀舞，其他同学才跟着起身，总算是有惊无险。

不过历史一公关方圆两米内，没有任何一个男生敢靠近。

三支舞过去了，历史一公关依旧直挺挺地坐着，没人前去邀舞。

我再度拜托小伟，毕竟他在班上算是舞棍，而且长得还不错。

“不要啦。”小伟苦着一张脸，“她看起来满脸杀气。”

“为班上牺牲一下会死喔。”我说。

小伟百般不情愿上前邀舞，但走到她面前还没开口，她便摇摇头。

“轮到你牺牲了。”小伟耸耸肩、双手一摊。

班上最精锐的部队还没交锋便已溃败，我只能牺牲自己了。

“可以请你跳支舞吗？”我的语气有些颤抖。

“我不会跳舞。”她摇摇头。

“如果你允许，我可以教你。”我说，“你就把跳舞当作是学习吧。”

她看了我一眼，没有说话。

“我只会碰到你的右手，而且不会碰到手掌，只碰到指头。”

她没有开口，只是看着我，似乎正在考虑。

“这样吧，指头不会碰到五根，只有两根，就是中指和食指。”

她还是没开口。

“要不然，我可以只碰一根指头，中指和食指随你挑。你可以选中指，就当作对着我比中指好了。”

她依然没开口。

“中指有三个指节，我可以只碰最上面有指甲的那个指节。”

“你是要教我跳舞？”她终于开口，“还是要做特技表演？”

“如果只能碰指甲，完全不能碰到皮肤，那就是特技表演。”我说，“但还是会碰到一点点皮肤，只有一点点喔，但我尽量只碰指甲。”

“真的只碰到中指的第一个指节？”

“嗯。如果碰到第二个指节，你可以马上走人，顺便给我一巴掌。”

“好。”她站起身。

话好像讲太满了，但事到如今也只能硬着头皮上了。

她缓缓伸出右手，中指微翘，那姿态让我莫名其妙联想到慈禧太后。

我小心翼翼用拇指和食指轻捏着她中指的第一个指节，像极了李莲英。

我向她说明舞姿、舞步和节拍，她很专注，甚至会开口询问。

解释完后，简单跳了几步、转了几圈，舞曲也结束了。

我终于松了一口气，但拇指和食指已有轻微抽筋的现象。

“练习完了。”她说，“可以正式跳了。”

“啊？”不是结束了吗？

“你是不是害怕真正跳舞时不可能只碰到中指的第一个指节？”

“嗯。”

“这样吧，整根中指你都可以碰。”

“一根指头勉强可以，但……”

“要不然，你可以碰两根指头，就是中指和食指。”

“谢老佛爷。”

快舞旋律再次响起，我右手轻握住她的中指和食指，战战兢兢。

除了避免碰触其余的手指和手掌外，转圈时也要避免肢体接触。

没想到我和她的默契还不错，转圈也蛮顺的，看来她有跳舞的天分。

舞曲结束后，她竟然露出微笑，这还是我第一次看到她的笑容。

之后她似乎变得轻松自在，坐姿不再僵直，而且也会跟旁人谈笑。

虽然还是不肯跳慢舞，但她已经可以接受小伟的邀约下场跳快舞。

她和小伟的默契更好，跳起来还真好看。

舞会结束后，我和小伟一起收拾残局，她走向我们。

“今天辛苦你们了。”她说，“谢谢。”

“不客气。”小伟问，“那么下学期有没有兴趣跟我们班出去玩？”

“这个嘛……”她犹豫着。

“下学期你们应该是尾牙过后就可以跟我们出去玩了。”我说。

“为什么是尾牙？”她很好奇。

“因为尾牙过后就放寒假了啊。”

“抱歉。学姐交代要慎选联谊的对象，所以我上次才会拒绝你。”

“我们不好吗？”我问。

“学姐说水利系是没前途的科系，不要跟他们联谊。”

“没前途？”小伟大叫，“你学姐根本不了解水利系，怎能这么说？”

“不。”我笑了笑，“如果她学姐了解水利系之后，应该会更加肯定水利系是没前途的科系。”

“说得也是。”小伟也笑了。

她似乎很讶异我和小伟的一搭一唱，愣愣地看着我们。

“那你为什么会答应跟我们办舞会？”我问。

“是诗雅推荐的。”她说，“诗雅说跟你们办舞会很好玩。”

“那你觉得今晚的舞会还可以吗？”

“今晚的气氛很好呀。”她说，“我原先以为舞会是没气质的活动，跟谁办都没差，所以才觉得跟水利系一起办舞会也无所谓。”

“真是谢谢你喔。”小伟说。

“抱歉。”她笑了笑，“这样吧，下学期的迎新，我们可以一起办。”

“真的吗？”我很惊讶，“可是你学姐……”

“下学期我就是大一新生的学姐了。”她说，“我希望这种毫无根据的偏见，就到我这届结束。”

“太好了。”我说，“我先替未来的学弟谢谢你。”

我对历史一公关的印象完全改观，我相信她是一个真性情的人。

虽然我无法用可爱、甜美、漂亮、清秀、标致来形容她，但她长得还蛮好看，五官很端正，而且坐姿有股高贵的气质。

只不过她伸出右手微翘中指的姿态，真的会让人联想到慈禧太后。

“请问同学贵姓？”小伟问。

“我姓徐。”她回答。

“徐同学。”小伟笑了笑，“我有荣幸送你回去吗？”

她先是推辞，但最终还是在小伟的热情下点头。

结果原本被小伟载来的我，只能自己想办法回宿舍。

我决定走路回去，经过一座公共电话亭，我毫不犹豫地进去。

“请问李清莲在吗？”

“又是你。”

“这句话应该是我要说的吧。”

“你说得对。”她笑了，还是那种刺耳的笑。

“所以她应该不在吧。”

“没错。”

“那……”我很纳闷，她这时应该已经挂断电话了。

“她去洗澡了。”

“啊？”

“洗澡有这么值得惊讶吗？”

“我不是对洗澡惊讶。而是你从不会说她去哪里或者在做什么。”

“说得也是。”她突然压低声音，“但洗澡不一样哦。”

“哪里不一样？”

“你可以想象一下，她正在洗澡哦。”

“所以呢？”

“所以我没挂上电话，好让你继续想象她正在洗澡的画面呀。”

“你……”

“想象够了吧。Bye-bye。”她挂上电话。

这女孩真的有病！

还有两星期便要期末考，期末考完后学期就结束了。

心理社办了期末聚餐，地点在一家吃到饱的自助火锅店。

餐后还有交换礼物活动，我抽到外观看起来最大的礼物。

足足有60厘米见方，高度大概也有30厘米，像个纸箱。

“你太幸运了。”社长说，“这是我送的。”

我有不祥的预感。

拆开包装纸后，果然是个纸箱，打开纸箱后，又出现包装纸。

我暗叫不妙，再拆开包装纸后，又是一个更小的纸箱。

前后总共包装了11个纸箱或纸盒，拆到最后，是个火柴盒。

但打开火柴盒后，却发现什么都没有。

“这就是生命的本质。”社长说。

“生命的本质是无聊透顶吗？”

“生命的本质像洋葱，一层层剥开后，没有轴，只有空。”社长说，“你领悟到了吗？”

我看着空空如也的火柴盒，说不出话。

“今天是佛祖诞辰，收到这个禅意十足的礼物，你一定很感动吧。”

感动个屁，我特地花两百多块买礼物来交换，你却干这种无聊事。

“这是黎明前的黑暗。”珊珊学姐笑了，“你再忍耐一下。”

是啊，学期快结束了，我的大一生涯也快结束。

回首大一生涯，因为参加社团、因为担任公关，我的生活丰富许多。

跟一年前还是普通高三生的我相比，我应该有所改变吧。

而栀子花女孩呢？她的大一生活是否多彩多姿？

至少应该不会像我打电话找她的情形那样，总是多灾多难吧。

“请问李清莲在吗？”

“我就是。”

终于打通了，这句“我就是”听起来是如此悦耳。

我一时激动竟不知道接下来该说什么。

“你是蔡修齐吗？”她说。

“是。”我有些讶异，“你怎么知道是我？”

“你认得我声音，我也认得你声音呀。”她问，“找我有事吗？”

“这……”我又愣住了。

打电话找她几乎成了我的习惯，以致我忘了根本没有“事”找她。

“你在等我说第三句吗？”她笑了。

“抱歉。我只是……”我吞吞吐吐，“只是想跟你说说话而已。”

“你现在可以到我学校后门口吗？”她说。

“当然可以。”我精神一振。

“那么我们半小时后在那里碰面。”

“好。”

“现在已经不能说‘下车小心’了，该说什么呢？”

“我骑车去。”

“骑车小心。”她笑了。

到了她学校后门口，停好脚踏车，看了一下手表，共花了23分钟。

等女生的经验我有，为了联谊常一个人很突兀地站在陌生的教室外，等完全陌生的女孩出现，但那时我并不紧张，反正就是等。

这地方之前跟李君慧来找萧文莹的时候来过，因此我不陌生。

进出校门口的人跟我一样都是普通大学生，我站着等人也不突兀。

而且她对我而言算是旧识，我们之间绝对称不上陌生。

那么为什么现在的我感到莫名的紧张呢？

“嗨。蔡修齐。”

我转过身，看见穿淡黄色T恤、蓝色牛仔裤，面带微笑的她。

“嗨。李清莲。”

没想到认识这么久，直到今晚我们才第一次用彼此的名字打招呼。

她领着我走进校门，再左转走到一栋建筑物的一楼大厅。

这里看起来像交谊厅，摆了很多桌子、沙发，还有电视。

许多人在这里看电视、聊天、吃东西，男生女生都有，气氛很热闹。

这里也许是像学生活动中心的交谊厅之类的地方吧。

我们找了组沙发坐下，面前还有张小圆桌。

“有哪些字，不管左转右转，不管转几度，都不会变？”她问。

“啊？”

“像以前一样，你帮我想想。”她说，“这是同学问我的题目。”

“像以前一样？”

“我们以前不是常在公交车上这样玩吗？”

对啊，我们不陌生，一年多同车的日子，我们是旧识。

或许不是情人、男女朋友，但起码可以算是老朋友吧。

从在校门口等待时开始，一直到坐在沙发上，我的心始终悬着。

没想到她的一句“像以前一样”，让我的紧张感消失大半。

她是我的栀子花女孩，这点完全没变，我不必紧张。

“你退步喽。”

“退步？”

“你以前几乎不用想就可以告诉我答案。”她说。

“以前都是些简单的脑筋急转弯问题，例如猪带着牛奶去考试，结果变成什么之类的。但现在这个问题得稍微想一下。”

“猪带着牛奶去考试，结果变成什么？”她问。

“烤乳猪。”我说。

她笑了起来，笑声还颇响亮。

“我想到了。”我用手指在桌上写下：口、回、十、田。

“口、回、十、田？”

“嗯。这四个字不管左转或右转90度、180度、270度，都不会变。”

“这答案可以。”她很兴奋，“我可以回答我同学了。”

我很喜欢看她开心的样子，远比自己开心还要开心。

不禁想起高中同车时，我常因为看到她的笑容而有了一整天好心情。

我们开始闲聊，比起上次在水库旁的闲聊，这次的感觉更像叙旧。

“你当公关后，有改变什么吗？”她问。

“最大的改变，大概是比较有勇气跟女孩子说话吧。”我说。

“你以前上车后会走四步，但第四步忽大忽小，似乎是为了刚好站在我面前。我有次刻意往前坐，当你发现第三步走过头，第四步甚至往回走呢，感觉很有魄力。但在电话里感觉不到那股魄力了哦。”

“所以我应该说：没事不能找你吗？我只想跟你说话！”我笑了笑。

“对。”她也笑了，“就是这种魄力。”

“上次听你说你加入心理社，但你还没告诉我理由呢。”她问。

“我是误打误撞，莫名其妙参加心理社。”我说。

“是吗？”她很好奇，“说来听听。”

我把被珊珊学姐拉进心理社的过程简述一遍，她听得津津有味。

“那你可以侧写他们吗？”她遥指电视前坐着的一群学生。

“他们当然都在看电视。”我边说边指，“尤其是左侧沙发穿蓝衣服的男生，他手上有一包饼干，可是要拿饼干时，他的视线也没离开电视。不过在他们之中，有一个人应该不算是在看电视。”

“那是谁？”

“中间沙发穿红衣服的女生应该是看电视打发等人的时间，每隔一段时间，她会将视线转向门口，然后再转回电视。”

“也许她只是不想看广告而已。”

“但她的视线是很规律地在电视和门口之间移动，不管正在播节目或广告，而且你注意一下她坐的位置。”

“嗯……”她看了一会儿，“她坐的位置有问题吗？”

“她坐的位置，是唯一不必探头或站起身便可以看见门口的地方。”

“真的耶。”她笑了笑，“那你觉得这里如何？”

“嗯……”我打量一下周遭，“这里有男有女，摆设和布置像交谊厅。但有一点很诡异。”

“哪里诡异？”

“这里虽然很多人在聊天，但都是同性之间聊天，我还没看到男生跟女生在聊天。”

“如果不认识当然就不会聊天呀。”

“请问在贵校，男女交谈不犯法吧？”

“当然不犯法。”

“那就怪了。学生活动中心是社团所在的地方，同社团的男女应该会在这里讨论事情，但这里完全没有男女一起讨论事情的氛围。”

“谁说这里是学生活动中心？”

“难道不是吗？”我很惊讶。

眼角瞥见有个男生拿着脸盆经过门口，我恍然大悟。

“天啊！”我不禁叫出声，“这里竟然是宿舍！”

可能声音太大了，有一些人转头看着我，我觉得很尴尬。

“这里就是我住的宿舍呀。”她说。

“没想到贵校如此开放，真是令人向往。”

这栋建筑是男女合宿的宿舍，男生住B1和一楼，二到五楼女生住。

一楼往二楼的楼梯间，有铁栅栏阻隔，门禁时间一到，便上锁。

二楼也有舍监，以防男生有意或无意爬上二楼。

现在一楼交谊厅内的学生，应该大多数是住这栋宿舍的学生。

或许潜意识里为了避嫌，男女双方反而刻意避免交谈。

像我和她坐在一起聊天的情形，在这里显得很突兀。

"在贵校，男女交谈真的不犯法吗？"

"你又来了。"她说，"又不是我学姐高中时念的学校。听说她的学校订了一条校规：跟男生说话记警告一次，牵手记小过一次……"

"你学姐是不是有次放学时在校外收到男生给的纸条？"

"你怎么知道这件事？"

我跟她说起那次团体活动时所发生的事，两相比对之下，竟然发现她寝室的大三学姐就是那个放声大哭的女孩。

她说学姐从此对男生便怀有很大的戒心，甚至会莫名其妙讨厌男生。

原来具有憎恨异性倾向的人，不是我，也不是社长，而是她寝室的大三学姐。

"看来心理社还蛮好玩的。"她说，"你可以教我侧写吗？"

"侧写虽然还是有能力高低的差别，但本质上是一种态度。"我说，"就像看到天上乌云密布，便可推测应该会下雨一样，根本不用教。你要做的，其实只是抬起头看天空，这样才会知道乌云密布。"

"我明白了。"她笑了笑，"那你可以侧写我吗？"

"你刚洗完澡，然后到校门口带我过来，直到现在。"

"刚洗完澡身上会有一股香味，你一定是闻到那股香味。"

"在校门口我还没闻到你身上的香味前，我就知道你刚洗完澡。"

“你怎么知道？”

“现在是夏天，穿了一天的T恤跟洗完澡刚换上的T恤绝对不一样。”

“有道理。”她笑了笑，“还有呢？”

“你是在跟我讲完电话后才洗澡，不是在跟我讲电话之前洗澡。”

“你为什么这么说？”她很讶异。

“因为你应该要先问我人在哪里、得花多少时间到校门口，才能决定多少时间后碰面。可是你什么都没问，便直接说：半小时后碰面。这表示你想先做半小时内可完成的事，再跟我碰面。”

“是不是因为我粗心，忘了要先问你需要多少时间到这里？”

“不。那是因为你在电话中问我：现在可以到学校后门口吗？我回答当然可以。所以你自然而然地，只估计你所需的时间。”

“也许我半小时内可完成的事，并不是洗澡呀。”

“没错，所以一切都只是推测，不准是很正常的。”我笑了笑。

“算你猜对。”她也笑了，“还有呢？”

“你拥有赤道烈阳般的热心，而且你还善解人意。”

“赤道烈阳？”

“所以你高中时才会帮我拿书包啊。”

“那么善解人意呢？”

“关于那个字怎么转都不会变的问题，你其实早已知道答案。”

“呀？”她似乎很惊讶。

“如果你同学问你一个脑筋急转弯的问题，不管你会不会答，她都会马上告诉你答案。”我说，“你刚刚只是装作不知道答案而已。”

“为什么我要这么做？”

“你问我那个问题，是为了让我回想起我们在高中时代的相处模式，提醒我你不是陌生人，让我不要紧张啊。”

“原来你知道呀。”她也笑了。

“嗯。”我点点头，“所以你善解人意。”

“还有呢？”

“除了赤道烈阳般的热心和善解人意，你大概只剩下完美的外表了。”

“当公关果然让你变得很会说话。”她笑了。

“但只有你，才知道我的本质是很内向害羞的。”

“是吗？”

“因为你认识高中时的我啊。”

“没错。”她又笑了。

跟面对其他女生完全不同，在栀子花女孩面前我可以简单做自己。

“汤姆和鲁斯打架，谁会赢？”她问。

“汤姆。”我回答。

“为什么？”

“因为汤姆克鲁斯。”

“你果然是我高中同车上学时，总是不择手段站在我面前的男孩。”

“你果然是我高中同车上学时，总是多管闲事帮我拿书包的女孩。”

我们同时笑了起来，即使引人侧目，也没停止笑声。

原来即使离开公交车，我们还是可以像从前一样。

那一瞬间，我打从心底深深地觉得，我真的喜欢她。

Chapter 9

放声大哭的女孩

星期六下午准备回老家时，李君慧抱着一颗椭圆形大西瓜走进寝室。

“你抱着西瓜干吗？”我很纳闷。

“今天是西瓜节……”他气喘吁吁，“我想送西瓜给萧文莹。”

“你为什么不改送胡瓜、苦瓜、哈密瓜之类的，听说只要有瓜就行。”

“西瓜的英文是watermelon，中文谐音是我的美人。”他神情坚决，“只有送西瓜才能代表男孩的心意，送其他瓜类的意义根本不对！”

“那你不会挑小一点的西瓜吗？”我大叫，“这颗起码20斤耶！”

“西瓜愈重，情意愈重。”他说。

西瓜节原本是师大的传统，男生会在这天送西瓜给喜欢的女生。

这几年在各大学间流传，虽不至于人尽皆知，但知道的人也不少。

后来学生开始延伸至其他瓜类，比方送胡瓜表示稀里糊涂爱上你、苦瓜是爱你爱得好苦、哈密瓜是哈你哈得要死、木瓜是朝思暮想……

不过以西瓜节的原始意义而言，李君慧的坚持是有道理的。

“好。”我叹口气，“请问这么大的西瓜，你怎么送？”

“我没办法用脚踏车载这个西瓜，只好拜托你帮忙了。”

“我现在要回家。”

“拜托啦！”他苦着一张脸。

我只好抱着这颗大西瓜坐在后座，让他骑着脚踏车载我。

沿路上所有人都投射过来异样的眼光，我觉得好丢脸。

好不容易到了她们学校后门，我赶紧把西瓜还他。

往交谊厅的路上，经过的人也都好奇地看着他，有些人还笑了。

走进交谊厅，气氛跟上次完全不一样，很多男生拿着瓜准备送女生。

通常是哈密瓜之类的小型瓜，即使是西瓜，也是小颗的西瓜。

只有魁梧的李君慧抱着一颗超过20斤的大西瓜，而且还直挺挺站着。

“找地方坐下吧。”我轻声说。

“我坐不住。”他摇摇头，“因为我很紧张。”

我缓缓移动脚步离他远一点，打算装作不认识他。

萧文莹匆忙下楼，但一看见抱着西瓜的李君慧，整个人便愣住。

“王宝钏你不用再苦守寒窑了。”我笑了笑，“薛平贵送西瓜来了。”

她似乎懒得理我，依旧呆站着凝视他怀里的大西瓜。

“这西瓜……”他伸长双手，“送你。”

“你抱不动。”当她伸手想接过时，我说，“先上楼找个人来帮你。”

她如梦初醒，赶紧收手转身跑上楼，过了一会儿带着李白下楼。

这次轮到我愣住了，李白也很惊讶，我们四个人一时之间都呆站着。

现在是怎样？四个人找不到桌子打麻将吗？

“文莹。”李白最先恢复正常，拉了拉萧文莹的衣袖，“先坐下吧。”

“喂。”其次是我恢复正常，也拉了拉李君慧的衣袖，“你也坐下。”

李白轻轻拉着萧文莹引导她坐下，我则使劲推着李君慧强迫他坐下。

“蔡修齐。”李白轻声说，“我带你去校园走走。”

"嗯。"我点点头。

我和李白悄悄离开交谊厅，留下正深情互望的李君慧和萧文莹。

天气很热，我们尽量沿着建筑物的阴影前进，没有交谈。

"暑假快到了。"她先开口，"你暑假有何打算？"

"应该是留在学校打工。"我说，"你呢？"

"回台中。"她说，"不过还不知道要做什么。"

"做什么都没关系，只要不转学就好。"

"我干吗转学？"

"你高中时不就转学了？"

"高中时住家里，父亲调职只好跟着转学。"她说，"现在上大学了，即使父亲又调职，我也不必转学。"

"那就好。"

"你怕我转学吗？"

"嗯。"我点点头，"如果你转学，我恐怕就再也找不到你了。"

"可是如果我高中没转学，我们就不会认识了呢。"她笑了笑。

"说得也是。"我也笑了笑。

右转走进左右两侧建筑物间的人行道，发现地上铺满黄色碎花。

"现在正值阿勃勒盛开，是校园最美丽的时节。"她说。

人行道两旁各种植一排阿勃勒，阿勃勒的花序呈下垂长条形，每串花序开了数十朵花，远远望去，好像树上挂了一串串黄色葡萄。

碧蓝的天、暗红的红砖建筑、满树盛开的黄澄澄花海、翠绿的叶子，这里的颜色既丰富又鲜艳。

我们坐在树下，微风吹来淡淡的花香，也吹走了酷热。

偶尔黄色花瓣飘落，好像正下着一场黄色的细雨。

“这种花的颜色跟死去的皇帝一样。”她说。

“什么意思？”

“都是鲜黄（先皇）。”她笑了起来。

在黄色细雨中看着她的笑容，我竟然莫名其妙联想起Jenny。

我好像明白了，之所以会有Jenny和栀子花女孩很相像的错觉，应该是她们共同拥有一种热情的特质。

而且这种热情还带点白目。

我们在阿勃勒下坐了许久，享受难得的清爽夏日午后，才起身回去。

回到交谊厅，竟然发现李君慧和萧文莹依旧安静地坐在原来的位置。

“很抱歉，我今天没送西瓜给你。”我俯身抱起李君慧怀中的西瓜，“不过这个西瓜是我抱来的，算出了力，请你摸一圈吧。”

“好。”她笑了笑，伸手摸了一下西瓜，“文莹要吃这个西瓜时，就由我来切，那么我也算出了力。”

我们相视而笑，笑声惊醒了李君慧和萧文莹。

“你要监督萧文莹，只能让她一个人吃这个西瓜。”我对李白说。

“喂。”萧文莹瞪我一眼，“你想让我撑死吗？”

“难道你想让别的女生分享李君慧的爱心？”

“这……”

“乖乖吃完吧。”我笑了起来。

李白和萧文莹一左一右抱着西瓜上楼，这又吸引了旁人的目光。

“李清莲。”望着她的背影，我说，“暑假过后……”

“会再见面的。”她转过头打断我，然后笑了笑。

有了她的笑容，我可以安心准备期末考了。

心理社本学期最后一次团体活动时间，来的社员只有一半。

或许因为下周一就要开始期末考的缘故，大家都在温书。

原本我也想念书，但之前已经三次不到，最后一次还是到好了。

聚会的社员较少，大家说起话来较不起劲，而且意兴阑珊。

最后甚至是完全无声，气氛很像恐怖电影里万籁俱寂的深夜。

“社长。”我说，“我来说件事吧。”

“你？”社长看了我一眼，“你应该没什么好讲的。”

“有啊。社长不是说我喜欢偷看女性胸部？”

“那很正常啊。如果你喜欢偷看男生胸部才需要讲。”

“社长就是不想让我讲就对了。”

“没错。现在这种宁静有助于沉思，沉思才可以看清自己……”

“社长。”我打断他，“我找到那个放声大哭的女孩了。”

“真的吗？”

“她在哪里？”

“她有男朋友吗？”

“她还会放声大哭吗？”

“她的喉咙还好吧？”

“她竟然还活着？”

全场一阵骚动，大家开始七嘴八舌，气氛从恐怖片变成笑闹片。

“好了，静一静。”社长说。

全场安静了下来，视线全集中在社长身上。

“今天团体活动时间到此结束。”社长说，“祝大家期末考顺利。”

社长说完后立刻站起身，然后转身跑走。

大家都愣住了，过了一会儿才纷纷站起身，互道期末考顺利后便离开。

珊珊学姐向我询问细节，我说放声大哭的女孩竟然是李白的室友。

“那还真巧。”怡珊学姐说。

“看来还是得跟社长谈谈。”秀珊学姐说。

“谈什么？”我问。

“解铃还须系铃人，社长得帮助她解开心结。”怡珊学姐说。

“她的心结一解开，或许社长也会变正常哦。”秀珊学姐说。

“那么社长的白痴状况也会改善吗？”

“不会。”珊珊学姐笑了。

“Jack！”

我闻声转头，看见Jenny停下脚踏车，在四米宽的校园小路对面。

“真巧。”她笑了笑，“跟雅玲一起办的舞会还顺利吧？”

“雅玲是谁？”

“就是历史一公关呀。”她说，“你怎么老是不知道女生的名字。”

“抱歉，我只知道她姓徐。”我说，“不过托你的福，舞会很顺利。”

“你没挨巴掌吧？”

“没有。”我很纳闷，“为什么这么问？”

“有次建筑系跟历史系联谊，最后拍照时建筑系公关只不过把手放在雅玲肩上，便挨了她一巴掌。”

“还好我们没拍照。”

“但你们跳慢舞时，你的手会放在她的腰上呀，那比搭肩严重耶。”

“原来你都知道。”

“我当然知道。”她笑了，“所以她没做什么吗？”

“没有。因为我的手没放在她的腰上。”

“真可惜。”她叹口气。

“喂。”

“那你觉得雅玲赏建筑系公关一巴掌是对的吗？”

“未经女孩同意就搭女孩的肩，多数女孩都会觉得被冒犯。”我说，“她只是把不舒服用行动表示而已，不过行动是激烈了点。”

“如果我未经你同意就碰你的身体，你会觉得被冒犯吗？”

“不会。”我笑了笑，“我会觉得心旷神怡。”

“这是你说的呦！”

“我是开玩笑的。”

“我不管，我偏要当真。”

“喂。”

“你下学期还想办联谊吗？”

“当然想。”我说，“你要帮忙介绍吗？”

“可以呀。”她说，“不过除了诗雅和雅玲外，其他的人都很正常，也没暴力倾向，恐怕不适合你。”

“喂。”

“你放心，我一定会努力寻找性格更激烈的人来跟你们联谊。”

“喂！”

她没回话，只说声Bye-bye后，便加速骑走脚踏车。

“我们可以说话了吗？”怡珊学姐问。

“嗯？”我回过神，“学姐，抱歉。”

“刚刚那个女孩长得很可爱，而且竟然是混血儿。”秀珊学姐说。

“学姐知道她不是染发？”

“当然。”珊珊学姐异口同声。

“以黑发而言，要染成这种浅黄色的难度很高，可能得多染几次。”

“而且发色要染得这么均匀，除非她才刚染几天，否则不太可能。”

“下礼拜就是期末考了，她应该不会特地挑这时候去染头发。”

“她的谈吐利落，也不像是会自找麻烦去染这种发色的女孩。”

“所以她的发色是天然的。”怡珊学姐说。

“也就是说，她是混血儿。”秀珊学姐说。

“佩服。”我说。

“从她跟你说话的样子看起来，她应该对你有好感。”怡珊学姐说。

“即使你知道她对你有好感，也不要放在心上哦。”秀珊学姐说。

“她确实说过喜欢我，不过学姐放心，我不会放在心上。”

“你果然已经放在心上了。”怡珊学姐说。

“是吗？”

“所以你才会告诉我们呀。”秀珊学姐说。

“这……”我一时语塞。

“她是吃惯山珍海味的女孩，遇见清粥小菜便觉得异常可口。”

“但她终究还是会选择山珍海味，而清粥小菜只是调剂而已。”

“学姐的意思是指……”我说，“我是清粥小菜？”

“难道你觉得你是山珍海味吗？”怡珊学姐笑了。

“也许对她而言，我是山珍海味呢。”

“学弟，你要记住一句心理社员常说的话。”秀珊学姐的口吻很严肃，“不能认清自己，怎能看清别人？”

“我记住了。”我说。

“学弟，你是很好的人没错，但应该不会是她的菜。”怡珊学姐说。

“她很热情，她说喜欢你是真心的，但仅止于喜欢。”秀珊学姐说。

“学姐应该是怕我自作多情，一头栽进去，最后导致受伤吧。”

“你明白就好。”怡珊学姐说，“不过她还是可能会选择清粥小菜。”

“如果是这样的话也很好，学姐还是会真心祝福你们。”秀珊学姐说。

“可惜我会告诉她，清粥小菜已经打烊了。”我笑了笑，“就怕我这清粥小菜太可口了，她念念不忘、依依不舍，到时就伤脑筋了。”

“你这样想很好。”珊珊学姐也笑了。

珊珊学姐说得没错，即使Jenny喜欢我，也不能代表什么。

就像以某种程度而言，我也是喜欢Jenny，甚至是杨玉萱。

但我终究会选择栀子花女孩，这应该毋庸置疑。

我或许会迷惑，但不会动摇。

期末考总算考完了，接下来就是长达两个半月的暑假。

我、阿忠、李君慧在暑假跟着系上老师工读，小伟则回台北打工。

工读的人除了我们寝室三个人之外，还有班上其他五位同学。

我们八个人平时在实验室帮忙做实验，还有整理和分析资料。

偶尔会出外业，地点在中部的海滨，性质大概是测量和采样。

我们八个人挤在一间像是工寮的小屋子，虽然有水，但没有电。

如果在实验室，每人每天500台币，出外业则有800台币。

所以虽然工寮既偏僻又简陋，但我们还是喜欢出外业的日子。

有次要量测河口水流的流场，在河的下游放了三个不同颜色的浮标，我、阿忠、李君慧各搭乘一艘小舢板，追着各自的浮标。

一旦追到浮标，便立刻高举红旗，岸上的人便可测量出浮标的位置。

舢板上有船夫负责驾驶，我们三人手中也各有一支无线电保持联络。

李君慧是船1，我是船2，阿忠是船3，我们沿河追着浮标，每隔几分钟测量一次浮标位置，情况很顺利。

一路追到河流出海口，我这艘舢板的船夫提醒我不能再往前了。

这里是浅水和深海交界，流况很不稳定，而且海上又有风浪，像这种用六根塑胶圆管组成的小船，在浪流下很容易翻覆。

我立刻拿起无线电呼叫李君慧，要他赶紧回头。

李君慧回复我，他快追到浮标了，再测量一次就会回头。

“不要管浮标了，快回头，性命要紧！”我大叫。

但无线电只有沙沙的声响，没听见李君慧的回复。

“船2呼叫船1，听到请回答。Over。”

我心急如焚，不断呼叫李君慧，但他依然完全没有回音。

我催促船夫向前，但他死也不肯，甚至开始掉头。

因为我的船已经在浪流下大角度摇晃，角度再大一些，船就翻了。

我回到岸上后，所有的人都很焦急，也决定报警。

两小时后李君慧终于回来，原来他们不直接穿越河海交界回到河岸，而是顺着潮流先往南离开河口，再朝东开往陆地，最后从海滩上岸。

当天晚上李君慧说要去买信封、信纸和邮票，打算写封信给萧文莹。

我们两人共乘机车骑了10公里远才找到店家，我也顺便买了一些。

看到他就着手电筒灯光振笔疾书，我也起身打算写信给栀子花女孩。

“今天发生一件很惊险的事，那就是李君慧差点……”

不行，我又不是事件的主角，这件事就让李君慧写给萧文莹看就好。

“这里相当偏僻，晚上又没有电只能早睡，但酷热的天气……”

干吗？我在抱怨吗？

“世界上的女孩有很多种类型，都各自有其独特的魅力。在我眼里，令我有所感觉的女生，我习惯用可爱、甜美、漂亮、清秀、标致等来形容她们。但你在我心里，无法用任何一种形容词来形容，因为可以用来形容你的形容词，只能专属于你……”

哇！赶紧揉掉，再写下去就变成情书了。

李君慧写了两晚终于把信写完，然后我们又骑了10公里才找到邮筒。

但我写了二十几张信纸，却只成了二十几个纸团。

“我目前还在努力找寻可以用来形容你的形容词，对我而言，那必然是独一无二。我相信总有一天，我一定会找到，即使得花很久很久的时间。而这份心意，总有一天，一定可以……”

最后一张信纸写完了，我看了一遍后，把它撕掉。

我相信总有一天，她一定可以明白我的心意。

新学期到了，我升上大二，可以开始听到有人叫我学长了。

班上选干部的时候，我和李君慧无条件连任，这点我早料到了。

我和李君慧表现得还不错，而公关和康乐股长这种烂缺也没人想当，所以自然而然地，我和他会再度被拱上，怎么推都推不掉。

那次班会我干脆缺席，而李君慧在班会上苦苦哀求别选他也没用。

我利用暑假工读所赚的钱买了辆二手机车，这样出门就方便多了。

算了算，班上有机车的人大约八成，下次联谊可以考虑机车郊游。

除了班上的联谊之外，学弟的迎新露营也得办。

我去历史系找徐雅玲讨论，她说由我决定就好，她们会配合。

我找小伟帮忙拟订活动企划，预计10月底办迎新。

心理社也得改选社长，符合资格的大三社员共有八位，包括珊珊学姐。

但依然没有人想当社长，最后还是决定猜拳输的当社长。

八个人太难猜了，怎么猜都会同时出现剪刀、石头、布。

“不然规定只能出剪刀和石头，这样比较快。”怡珊学姐说。

八个人依规定重新猜拳，出现了八个石头，在场所有社员都笑了。

“不管结果如何，起码这届的社长不是白痴。”秀珊学姐说。

最后决定抽扑克牌决定社长，八张扑克牌中有一张是鬼牌。

结果由护理系大三学长抽到鬼牌，因此他就是本届心理社社长。

护理系在本校算是很新的科系，今年6月才刚有第一届毕业生。

护理系跟工学院科系一样都是男女比例悬殊，只不过它是女远多于男。

以新社长的班上而言，他们班只有两个男生。

我则因为在班上担任公关，所以被推举为心理社活动组的干部。

招募新社员是社团大事，学校所有社团无不铆足全力吸收新社员。

学校为新生举办的社团迎新晚会，很多社团上台表演节目。

Jenny的合唱团和杨玉萱的手语社表演完后，便吸引了很多新生加入。

但像心理社这类的社团根本无法上台表演，只能在校园内摆摊，或是到处张贴海报，可惜效果并不好。

“Jack。”Jenny来到心理社的摊位前，“我很困扰。怎么办？”

“你困扰什么？”

“合唱团的新社员太多了。”她说，“我好羡慕你几乎没有新社员。”

“喂。”

“下次我带个枕头给你。”

“做什么？”

“你可以在摊位上睡觉。”她笑了，“反正你醒着也没用。”

“喂！”

杨玉萱也曾来过心理社的摊位，但她是来表达关心。

“需要我帮忙吗？”她问。

“好啊。”我说，“你可以骂手语社新社员笨，常常骂，骂得凶一点。等他们心理受创后，再推荐他们来心理社。”

“可是我不太会骂人。”她笑了。

“那你就拼命称赞他们，照三餐称赞。等他们迷失自己后，再推荐他们来心理社。”

“好。”她又笑了。

心理社确实是很难让人感兴趣的社团，这点我早已有所觉悟。

我和珊珊学姐在学生活动中心四楼的自由空间里讨论招募社员的

事，有个女生正好在逐一观看贴在墙上的海报。

“学姐。”我站起身，“我试试看。”

这个女孩穿着浅灰色长袖衬衫、黑色长裤，戴着深色椭圆框眼镜，脚踩着咖啡色平底皮鞋，外表散发出淡淡的知性气质。

“学妹。既然是尚未加入社团的新生，要不要考虑心理社？”

“你知道我是新生？”她似乎很讶异。

“因为旧生不会对这个地方这么好奇。”

“嗯。”她点点头，“这地方我是第一次来。”

“你很适合参加心理社，要不要加入？”

“为什么我很适合参加心理社？”她问。

“你的心思细密，当然适合成为心理社社员。”

“心思细密？”她很纳闷，“你怎么知道？”

“你移动时步伐虽快，但踏步很稳；观看海报时视线由左向右、先上后下，井然有序绝不纷乱。这表示你的心思细密。”

“原来是这样呀。”

“嗯。”我说，“学妹，一起加入心理社吧。”

“你可能要叫我学姐哦。”她笑了笑，“我虽然是新生，却是研究所新生，我大学念外校。听说本校社团活动很兴盛，所以才来看看。但我只是来逛逛而已，研究所课业很忙，我应该不会参加社团。”

“抱歉。”我应该脸红了，“学姐。”

“不用说抱歉呀，我很高兴被误认为是大一新生呢。”

她又笑了笑，说声Bye-bye后，便下楼离开。

我转过头，珊珊学姐突然放声大笑，笑得不支倒地。

“学弟。”怡珊学姐先止住笑，“搞笑了吧。”

“你的侧写功力还要加强。”秀珊学姐也止住笑。

“女生和男生不同，如果大一女生第一次来这里，应该会结伴。”

“刚从高中毕业的女生跟刚从大学毕业的女生，穿着会差很多。”

“而且她的眼神比较像是评判，而不是挑选。”怡珊学姐说。

“就像在百货公司一样，随便看看商品跟仔细挑选自己想买的东西，这两者的眼神差异很大。”秀珊学姐说。

“我明白了。”我苦笑，“我会再加油的。”

珊珊学姐说招募新社员的事不用急，一切就随缘吧。

新社长似乎也不急，他说凡事心急会影响消化系统。

在团体活动时间里，常听到他说心理会影响生理的言论。

“例如高傲的人常用力挺直腰杆，所以脊椎容易有问题。”他说。

某次团体活动时间结束后，前社长拿给我一封信，请我转交。

这封信还没封口，而且收信人栏位竟然写：放声大哭的女孩亲启。

“收信人这样写不好吧。”我说。

“可是我不知道她的名字啊。”前社长说。

“不然我帮你问问看她的名字。”

“好啊。”他说，“顺便帮我修改信的内容。”

“这样不好吧。这是你写的信……”

“帮个忙吧。”他打断我，“我知道你的文笔很好，而且才华横溢。”

“学长，你说谎了。”我指着他眼睛，“因为你的眼珠往右上移动。”

“我说实话。”他揉了揉眼睛，“你为人诚恳，写信一定会打动人。”

“你的眼珠还是往右上移动。”

"我老实说吧。"他又揉了揉眼睛，"你为人率直，说话可信度高。"

"眼珠还是往右上。"

"好吧，我坦白说了。"他拼命揉眼睛，"其实是因为你宅心仁厚。"

"学长！"我大叫，"眼珠可不可以不要再往右上？"

"事实是这样的，我听说纯情的人不会写信，而薄幸的人很会写信。"

"为什么薄幸的人很会写信？"我问。

"薄幸的人那么无情，可是女生偏偏就爱。如果不是很会说话或很会写信，为什么女生会死心塌地？"

"好。就算真是如此，跟我有什么关系？"

"嗯……"他犹豫了一下，然后说，"我是纯情的人，不太会写信；但你很薄幸，所以一定很会写信。"

"喂。"我说，"为什么我很薄幸？"

"你跟女孩认识时都不问她们的名字。"

"不问女孩的名字就是薄幸？"

"因为你不在乎她们是谁，你只在乎她们青春的肉体。"

"喂！"

"我真的认为你是薄幸的人，我没有说谎喔。"他指着自己的眼睛。

我懒得理他，但禁不住他再三恳求，我最终还是拿出信看了一遍。

"学长。"我说，"其实你文笔很好，表达很清楚。"

"真的吗？"

"我的眼珠没往右上移动吧？"我指着自己的眼睛。

"那你有其他的建议吗？"

"语气再软一点、姿态再低一点、忏悔之心再重一点，应该会更好。"

"好。我改完再给你。"他笑了笑，"学弟，谢谢。"

"不客气。"我说，"我还是会帮学长问她的名字。"

要问放声大哭的女孩名字，只能找栀子花女孩了。

"请问李清莲在吗？"

"嘿，又是我。"

"所以她不在吧。"我叹口气。

"答对了！"她笑了，"奖品是可以免费听电话挂断的声音。"

咔嗒一声，电话挂了。

半小时后，我又打了一次。

"请问李清莲在吗？"

"很遗憾。"但她却笑了，"她刚走出寝室，也许马上会回来。"

"我可以等她吗？"

"你想等她？"她说，"可以呀，但你得跟我说话哦。"

"好啊。我正想找你。"我说，"请问你叫什么名字？"

"呀？"她似乎吓了一跳。

"我想知道你的名字。"

"我差点被你唬住。"她说，"你蛮厉害的，竟然反客为主。"

"不。我是真的想知道你的名字。"

"不说这个了。谈谈你吧。"

"我叫蔡修齐，修身齐家的修齐，念水利系，目前大二，刚买辆机车，参加心理社。"我说，"请问你叫什么名字。"

"原来你是大二呀，那……"她顿了顿，"那你得叫我一声学姐了。”

“学姐。既然李清莲回来了，请把话筒给她。谢谢。”

“你知道她回来了？”她很惊讶。

“嗯。”我说，“你说话时停顿了一下，而且最后一句话音量变小。通常这代表正在思考或犹豫，但你跟我讲话时从不犹豫，你刚刚的回答也没思考的必要。这应该是你说话的过程被打断才导致停顿，而你说话被打断的最大可能，我猜是李清莲回来了。”

“如果都不是呢？”

“那就表示你突然想大便，而且很急，你得提一下肛，然后憋着，不然可能会一泻千里。所以你说话的过程中才会停顿了一下。”

“你好恶心！”

“请把话筒给李清莲。谢谢。”

“喂。”

“是李清莲吗？”

“嗯。”

“我想问你寝室那个机车学姐的名字，就是刚刚接电话的人。但你在电话中可能不方便讲，所以我去找你。你不用到校门口，在宿舍的交谊厅即可，我挂完电话后大概要15分钟到那里。这样OK吗？”

“OK。就是这种魄力。”她笑了，“我先下去等你。骑车小心。”

骑机车比脚踏车快了些，我在校门口停好车再走到宿舍刚好15分钟。

走进门口，便发现她坐在离我20步远的沙发上看电视。

我走向她，大约只剩5步远时她刚好转过头与我视线相对。

“嗨。”她笑了笑，挥挥手。

“嗨。”我点了点头，也笑了笑。

她离开座位，我们另外找个地方坐下。

“我先说。”

“嗯？”我很纳闷，“请说。”

“在这么宽阔的大厅，你却一进门就知道我在那里。那是因为我刚刚在电话中说：先下去等你。于是你推测我不会枯坐十几分钟，而是边看电视边等你，所以你进门便直接走向电视前的沙发。”

“好厉害。”我笑了笑，“而且你就坐在上次红衣女孩坐的位置。”

“因为这是唯一不必探头或站起身便可以看见门口的地方呀。”

她笑了起来，笑容跟她的肤色一样，又白又干净。

快三个月没见，我对她没有丝毫陌生的感觉，默契也还在。

而且她还记得初次在交谊厅的对谈，可见她依然是我的栀子花女孩。

她告诉我放声大哭的女孩名字，我拿笔记了下来。

“你是帮你前社长问的吧？”

“嗯。”我点点头，“他打算写信给她。”

“需要我转交吗？”

“如果不麻烦的话，当然最好。”

“这样你还得再跑一趟呢。”

“没关系啊。最好他可以多写几封信，我就可以多来几趟。”

“其实你来找我，不需要理由呀。”

“没错。”我笑了笑，“我需要的是魄力。”

“好。我帮你转交。”她说，“然后呢？”

“然后？”

“你今天来找我只是为了问学姐的名字吗？”

“是的。”

“你已经知道学姐的名字了，然后呢？”

“好。我走。”

“不是这种魄力。”

“既然正事解决了，天气又热，我们干脆去吃冰吧。”

“对，就是这种魄力。”她笑了笑。

我们在她学校后门口附近的冷饮店吃冰，也就是初见萧文莹的地方。

她说学姐虽然对男生反感，但对待学妹很好，人缘也不错。

由于学姐没课的时候都待在寝室里，而且电话就在她的书桌旁，因此每通打来寝室的电话，几乎都是由她先接。

我说起每次打电话找她时，总会被这个学姐调侃甚至是刁难。

她边听边笑，似乎觉得很好玩。

“我衷心希望学姐你能原谅我们前社长，即使不能，也不要对男生反感。”

“嗯。”她点点头，“我也这么希望。”

“这样以后我打电话找你时，就不用过五关斩六将了。”

她笑了起来，笑容像绽放的栀子花，优雅靓丽。

在那一瞬间，我又有了“我真的喜欢她”的感觉。

隔天中午我上完课走出教室，发现前社长拿着信在教室外等我。

“咦？”我很纳闷，“学长为什么要戴手套？”

“这样就不会留下指纹。”他说，“我写信时也是戴手套喔。”

“你写的是恐吓信吗？”

“不是啦。我是怕她看完信后又放声大哭，搞不好还报警。”他说，“总之万一有意外发生，警察也不会根据这封信找到我。”

我懒得理他，直接告诉他放声大哭的女孩名字。

“学弟。”他说，“你可以帮我在信封上写她的名字吗？”

“什么？”

“如果我写的话，警方还是可以根据字迹找到我。”

“你信里面已经写了一大堆字了，还差这几个字吗？”

“啊！”他用力拍了下额头，“我怎么没想到？”

“而且如果出事，我会去当证人，说人是你杀的。你根本逃不掉。”我笑了笑，“学长，别紧张。不会有事的。”

他只好乖乖地在收信人栏位写上放声大哭的女孩名字。

下午五点上完今天的课，我在五点半打电话。

“请问李清莲在吗？”

“呦！今天打电话的时间比较早哦。”

“是啊。”我再问一次，“请问李清莲在吗？”

“你很幸运，她在。”她说，“可是我想先跟你说说话，可以吗？”

“可以啊。不过你要不要先去上厕所？免得待会儿说话时又要停顿。”

“无聊！”

“学姐，请把话筒给李清莲。谢谢。”

“喂。”

“我15分钟后在交谊厅等你。可以吗？”

“好。骑车小心。”

挂上电话，我依然准时地在15分钟后到达她宿舍的交谊厅。

走进门口，我直接朝向电视前的沙发。

果然如我所预期，她坐在上次坐的位置。

“呀？”她看见我时似乎吓了一跳，“刚刚在电话中我只说了声好。你怎么知道我坐在这里？”

“我不是根据刚刚的电话推测，而是根据你这个人的习惯。”

“习惯？”

“你的习惯就是不轻易改变习惯。”

“嗯？”

“高中时，你总是坐在公交车左后方的座位，从没改变。”我笑了笑，“不管我们以后相约多少次，如果可以，你会一直坐在这个位置。”

“算你猜对。”她笑了笑，“你今天来是？”

“请帮我转交。”我将信递给她。

“然后呢？”

“我可以请你吃晚餐吗？”

“嗯？”

“一起去吃晚餐吧。”

“好呀。”她笑了笑。

我骑机车载着她，在一家简餐店前停下车。

“你为什么选这家？”她问。

“你的宿舍靠近贵校后门，出入学校会以后门为主。以后门为圆心，除了一般的快餐店和面摊以外，这家是距离后门最近的简餐店。”

“为什么要挑最近的店？”

“因为如果同学间要聚餐，应该不会跳过这家店，所以你一定来过。我不知道你喜欢什么店，起码现在不知道，我只能挑你来过的店。既然来过，你就比较熟悉，吃饭时也比较不会紧张。”

“你知道我紧张？”

“这是我第一次跟你吃饭，我很紧张，我猜你应该也会紧张。”

“你很紧张吗？”

“从开口约你吃饭那一刻起，我就很紧张，一直到现在。”

“我怎么看不出来你会紧张？”她笑了笑，“看你说话蛮溜的。”

“你看我的右手。”

“没什么特别的呀。”她又笑了，“还是五根指头。”

“停车好一会儿了，但我车钥匙还是握在手中，没收进口袋。”

“所以呢？”她低头看了一眼我的右手。

“情绪紧张时，双手常不知道该怎么摆。这时手里抓个东西，会具有安定心理、缓和紧张的作用。”

“那么把钥匙收好吧。”她微微一笑，“别紧张，吃饭了。”

“好。”我把车钥匙收进口袋。

“还紧张吗？”她问。

“还是会耶。”

“真巧。”她笑了，“我也是呢。”

我觉得她的笑容比右手紧握住钥匙有效多了。

我们走进店里，才刚坐下还来不及看清店内的装潢和摆设，她便说：“第一次来这里是跟学伴吃饭，那是去年的事。之后就没来过了。”

“为什么？”

“因为……”她压低声音，“我不喜欢这家店。”

“啊？”我吃了一惊。

“其实也没什么。”她说，“可能是因为我的学伴话太多，甚至有些聒噪，所以用餐经验不太愉快，导致我对这家店的印象不好。”

“喔。”

“刚成为大一新生，学姐就要我们抽学伴，对象是别系的男生。”

“嗯。”

“说是学伴，其实根本是为了多认识男生。”

“嗯。”

“你怎么了？”她很纳闷，“为什么话突然只剩一个字。”

“你不是不喜欢话多的男生？”

“你不一样呀。”她微微一笑，“而且你的话也不多。”

“其实我平时几乎不开口，话真的很少。小时候溺水时也不想开口，撑了三分钟后才喊救命。被救上岸后，宁可跪着磕头，也不愿开口说声谢谢。”

“最好是这样。”她笑了起来。

“你跟那个学伴，后来怎么样了？”

“他后来常找理由约我出去，我婉拒几次后，他就没有再约我了。”她说，“不过今年西洋情人节时，他托人送了我一个企鹅玩偶。”

“企鹅玩偶？”

“那是只按了翅膀就会拼命大声唱歌的企鹅。”她苦笑，“很吵。”

看着她皱眉苦笑的表情，我不禁笑了起来。

“请你不要误会。”

“误会什么？”

“我并没有炫耀的意思。”

“嗯。”我点个头，“我知道。”

“我也不该在你面前谈论我学伴，这样不太厚道。”她吐了吐舌头，“请你当作我没说吧。”

“好。”

我不禁想起今年情人节和杨玉萱在女生宿舍前吃巧克力的往事，那时她说请我吃别人送的巧克力似乎不太厚道。

她也说希望我不要误会她在炫耀。

我好像又明白了，之所以会有杨玉萱和栀子花女孩很相像的错觉，或许是因为她们共同拥有一种文静典雅的特质。

“你还记得高三时公交车上的爱情留言活动吗？”

“我记得。”

“留言的人写下简单的、缓缓的诉说，却不在乎是否被聆听。”她说，“我觉得那种活动很有味道。你觉得呢？”

“应该是吧。”我想起了自己写的爱情留言卡，耳根开始发热。

“你是不是也有写爱情留言卡？”

“呃……”我一定脸红了，“是。”

“抱歉。”她说，“我不该问。”

“我都老实回答了你才说。”

“因为你老实回答，我才知道不该问呀。”她笑了起来。

这次轮到我苦笑。

“那你写给谁？”

“你先想想这题该不该问。”

“该问。”她说，“因为你一定不会老实回答。”

“这……”我犹豫了一下，“你以后就知道我写给谁了。”

“也许我以前就知道了呢。”她笑了笑。

“以前？”

她没回话，只是意味深长地笑着。

虽然我对那张爱情留言卡印象深刻，但我写完后就再也没看见。

现在或许成了垃圾深埋在地底，或者早已被火化而灰飞烟灭。

将来如果我有机会告诉她，我曾写了爱情留言卡给她，她会相信吗？

已经是死无对证了，她大概只能半信半疑。

栀子花女孩啊，即使爱情留言卡会因掩埋或火化而消失，但17岁初见你时的记忆，一定会永远留在我脑海。

“这家简餐店不错。”要离开时，她说。

“你不是说你不喜欢这家店？”

“那是以前。”她说，“现在我开始喜欢这家店了。”

“真的吗？”

“嗯。”她笑了笑，“以后如果我们要一起吃饭，就来这家店吧。”

“好。”

前社长写的第一封信似乎效果不错，因此他前后总共写了三封信。

我也因此跟栀子花女孩吃了三次饭，都在同一家简餐店。

打电话约她的过程中，放声大哭的女孩接电话的态度越来越正常，而我跟她吃饭时的紧张感也越来越小。

不过只要她的一个微笑或是一句话语，我的紧张感就全消。

“请问李清莲在吗？”

“她在。”放声大哭的女孩说，“请稍等。”

我整个人愣住了，从没想过一句简单的请稍等会让人如此激动。

直到栀子花女孩接过话筒喂了两声，我才回过神。

“我好像终于不用过五关斩六将了。”我说。

“嗯。”她笑了，“真好。”

“我今天没有帮任何人拿信，只是单纯想跟你说说话。”

“那么见面再说。”她说，“还是15分钟后交谊厅碰面吗？”

“嗯。”

“骑车小心。”

跨上机车，往她的方向前进，沿路的街道夜景是如此柔和美丽。

来到交谊厅门口，才刚走5步，便与正转头的她四目相对。

她微微一笑，我仿佛可以闻到随着她微笑所散发出的淡淡香气。

我不禁停下脚步，静静看着她，忘了要跨步，也忘了要报以微笑。

我真的喜欢她，我深深地这样觉得。

深深的、深深的，像大海一样深。

Chapter 10

张秀琪

10月下旬，天气不太热，是出外郊游的好时节。

李君慧说干脆找萧文莹她们班一起去机车郊游。

“为什么不找完全不认识的女孩子？”我很纳闷。

“因为我……”他似乎很不好意思，“我想让她坐我新买的机车。”

我心想：机车郊游是要让女生抽车钥匙，才能决定坐谁的车。

你想载萧文莹，还不一定载得到呢。

不过我不想扫他的兴，还是联络了萧文莹，约好出游的时间和地点。

出游前一天晚上，我特地先去找李清莲。

“今晚要进行特训。”我说。

“特训？”

我拿出小纸盒，纸盒上挖了个洞，里面已放了十多副钥匙串。

再掏出我的钥匙串，握在手中一会儿，然后交到她手中。

“记住我钥匙圈的形状，这只金牛面积算大，应该很好判断。”

“你的钥匙圈还蛮可爱的。”

“是啊。这是朋友送我的生日礼物。”

话一出口，便想起杨玉萱，然后莫名感到一阵尴尬。

“你是金牛座？”

“嗯。”

“原来是女生送的。”

“你怎么知道？”我吓了一跳。

“男生通常不会送钥匙圈当礼物。而且你生肖不属牛，选金牛造型的礼物来表示金牛座，这应该是女生才有的细腻心思。”她笑了笑，“我的侧写功夫还可以吧？”

“很不错。”我也笑了。

“金牛座是好星座，而且金牛座的生日期间，就是栀子花的花期呢。”

“原来你也是金牛座。”

“哦？”她微感惊讶，“你怎么猜的？”

“我知道你偏爱栀子花，但不知道理由。”我说，“听你说金牛座生日正好是栀子花的花期，我才猜想这或许是你偏爱栀子花的理由。”

“算你猜对。除此之外，我很喜欢栀子花纯白的色彩、优雅的花形和浓郁的香气。”她笑了笑，“我是5月8号出生。”

“比我早四天。”我也笑了笑，“姐姐，开始特训吧。”

我要她把手中的钥匙串放进纸盒中，我再摇晃一下纸盒。

“现在抽出我的钥匙。”我说，“要选金属部分比较温热的。”

她伸手进纸盒，过了十几秒后她抽出一串钥匙，果然是我的钥匙串。

“为什么你的钥匙比较温热？”她问。

“金属比热小，在室温下放置久了，碰触时会觉得冰凉。但我的钥匙因为一直握在手中，所以刚放进纸盒时，会远比其他的钥匙温热。另外钥匙圈上的金牛也是金属，所以一样会比较温热。”

“原来如此。”

“我用纸盒装钥匙而不用袋子，如果用袋子，所有的钥匙会搅成一团，要抽到正确的钥匙很难，而且会丧失宝贵的时间。”

“宝贵的时间？”她很纳闷，“什么意思？”

“因为时间久了，我的钥匙就会和其他的钥匙一样，变冰凉了。所以我选方形纸盒，如果你一摸到错的钥匙，便把它拨往一旁，这样就更容易找出我的钥匙了。”

“哇。”她笑了起来，“你心机好重。”

“女巫必须乘着扫帚才能飞上天空，小丑必须化妆才能取悦观众。”

“嗯？”她停止笑，疑惑地看着我。

“而我，必须要载你才愿意去机车郊游。”

“什么跟什么嘛。”她又笑了。

“总之……”我说，“我一定要载你。”

她看了我一眼，没多说什么，只是微微一笑。

临走前，我再次说明如何抽中正确钥匙的诀窍，并让她多练习几次。

也提醒她要用指尖感受金属的温度，这样会更敏锐。

所以她今晚要保养指尖，别去弹钢琴、打麻将时别用指头摸牌、按电梯时要戴手套、别用手指拉易拉罐饮料，等等。

她一连点了几次头，边点头边微笑。

“最重要的，今晚要早点睡，不然虎姑婆会来咬你的小指头。”

她扑哧一声笑出来，而且越笑越开心。

第二天一早，班上30位男同学骑着30辆机车，在她学校后门口集合。

我拿出纸盒，要同学把钥匙投进纸盒中，但我手里紧握住我的钥匙。

而且尽可能搓揉着钥匙圈上的金牛。

我把阿忠和李君慧留在最后，先收集班上其他同学的钥匙。

“你只能载林依琦。”阿忠想把钥匙丢进纸盒时，被我制止。

“为什么？”阿忠问。

“你们是男女朋友啊，拆散你们会遭天谴。”

“可是我想……”他压低声音，“我想载别的女生。”

“你觉悟吧。”我笑了笑，“今后五十年，你都会载着林依琦。”

“你这是祝福？”阿忠瞪了我一眼，“还是诅咒？”

我没回话，嘿嘿笑了两声后，便走向李君慧。

“钥匙丢进来吧。”我把纸盒拿到他面前。

“可不可以……”他吞吞吐吐，“让我直接载萧文莹？”

“当然不行啊。”我说，“萧文莹这么辣，一定有一堆人抢着要载，我也想载她啊，我昨天还到庙里求神明保佑让我载萧文莹耶。如果她不用抽钥匙就让你载，同学会不服气，我也会跟你恩断义绝。”

“你少唬烂了。”李君慧说，“她哪里辣？”

“脾气。”我笑了。

“我听到了。”萧文莹突然出现，瞪了我一眼。

“这样吧，由于阿忠和林依琦是男女朋友，所以林依琦不用抽钥匙。如果你们也是男女朋友，萧文莹就不用抽钥匙。”

“这……”李君慧看了萧文莹一眼，面有难色。

“别理他。”萧文莹说，“抽就抽。”

“不要啦。”他似乎很心急。

“还有个办法。”我说，“你们只要正式通过认证成为男女朋友，就不用抽钥匙。”

“怎么认证？”他问。

“李君慧。”我说，“你愿意承认萧文莹是你的女朋友，然后载着她共同抵达虎头埤？无论机车是否爆胎或抛锚，你都愿意不嫌她胖、不骂她？并愿意在路程中保持不超速、不违规、不闯红灯？”

“我……”他犹豫一下后，说，“我愿意。”

“萧文莹。你愿意承认李君慧……”

“你还没玩够吗？”她打断我。

“够了。”我笑了笑，“我现在宣布你们是男女朋友。李君慧，你可以亲吻萧文莹了。”

“还玩！”她大叫。

经过跟阿忠和李君慧的一番谈话，纸盒中的钥匙应该已经凉透了。

我朝着李清莲走去，把手中的钥匙投进纸盒，然后用力摇晃纸盒。

“请抽。”我走到她面前，眨一下眼睛。

她伸出右手缓缓放进纸盒中，神情有些紧张。

其实我比她紧张，只见她摸索了十几秒，终于抽出那只金色的牛。

我看她几乎要绽放开心的笑容，赶紧低声说：“装作若无其事。”

她的笑容瞬间僵住，然后缓缓恢复正常的表情。

我拿着纸盒让其余的女生抽钥匙，抽完后她们各自找寻钥匙的主人。

配对结束后，大伙儿陆续出发，我殿后，目标是20公里外的虎头埤。

“我刚刚真的好紧张。”她笑了笑，“还好抽对了。”

“我比你还紧张。”我也笑了笑。

“你害我昨晚做噩梦。”

“如果你没抽对，那才是我的噩梦。”

我拿了顶安全帽给她，然后请她上车。

“叩”的一声，我感觉头上的安全帽被敲了一记。

“嗯？”我转过头看着她。

“我突然觉得你很白目。”

“哪里白目？”

"全部。"她忍不住笑了起来。

"我也这么觉得。"我笑了笑，"抓紧喔，要出发了。"

"嗯。"

虽然只有20公里，但大半路程在市区，所以大约骑了45分钟才抵达。

我停下车，摘下安全帽，她突然伸手顺了顺我的头发。

"你头发翘起来了。"她说。

"那么今天应该是农历初一或十五吧。"

"为什么？"

"潮汐是月球引力所引起，农历初一、十五时潮汐较大。"我说，"我的头发也会受月球引力影响，所以初一、十五时就比较翘。"

"听你在胡扯。"她笑了起来。

由于彼此不陌生，有的甚至已熟识，所以活动进行顺畅，气氛也很好。

除了中午烤肉时分组外，其余活动所有人几乎都聚在一起。

快回家时大家坐在湖边吹吹风、聊聊天，感觉很闲适。

我又拿出纸盒收集班上同学的钥匙，阿忠和李君慧仍然留在最后。

"阿忠。"我说，"钥匙丢进来吧。"

"咦？"他很疑惑，"我也要吗？"

"对呀。"我点点头，"你不是说想载别的女生？"

"什么？"林依琦大叫。

"没……"他拼命摇手，"没有。"

"因为我说你今后五十年都会载着林依琦时，你觉得这是诅咒，所以我想让你载别的青春可爱的女孩，免得你只能偷看……"

"喂！"阿忠大叫。

我赶紧逃开，留下林依琦带着杀气的眼神。

“李君慧。”我说，“钥匙丢进来吧。”

“啊？”他很惊讶。

“早上的认证仪式只完成一半，所以回程时还是要抽钥匙。”我说，“除非萧文莹也完成认证仪式。”

“好。”萧文莹说，“我愿意，我也承认。这样行了吧。”

“行。”我笑了笑，“那你们是道道地地的男女朋友了，以后不可以吵架、不可以分手，要永远相亲相爱、永结同心、永浴爱河喔。”

“我知道了。”李君慧说。

“笨。”萧文莹看了李君慧一眼，“你干吗回答他？”

我把握时间再搓揉手中的钥匙，然后投进纸盒，走到李清莲面前。

“请抽。”用力摇晃纸盒后，我说。

她似乎刻意装作面无表情，右手伸进纸盒，然后抽出金色的牛。

她应该是努力憋着笑，表情看起来有些僵硬。

“哇，李白。”萧文莹大声说，“你竟然又抽到蔡修齐的钥匙！”

“真的耶，太巧了。”

“这种概率很低呢。”

“你们一定很有缘。”

“干脆就在一起吧。”

“在一起、在一起、在一起……”所有人开始起哄，边拍手边大叫。

李清莲似乎脸红了，神情腼腆，有些不知所措。

我则赶紧让其他女生抽钥匙，转移一下焦点。

我和李清莲站在我的机车旁，等其他机车一辆一辆发动后离开。

我们始终沉默相对，我递安全帽给她，她默默戴上。

当最后一辆机车离开的瞬间，我们终于忍不住同时笑了起来。

“都是你害的。”她说。

“抱歉。”我赔个笑脸，“上车吧。”

“叩”的一声，头上的安全帽又被敲了一记，我不禁转过头。

“我真的觉得你很白目。”她笑了。

“我本来就白目。”我也笑了，“要回家了，抓紧喔。”

“嗯。”

机车郊游结束后，下星期便是要为系上新生办迎新露营。

迎新露营是大活动，我和李君慧要忙的事还真不少。

除了露营用具外，两天一夜的活动也得准备很多节目。

还好有小伟帮忙，团康和游戏之类的节目就由他负责。

学弟和历史一新生共有80人参加，分成八个小队。

每个小队有一男一女两个小队辅，由学长担任，负责带领队上新生。

活动第一天最累，出发前器材的上车、中午的烤肉、下午的团康、晚上的营火晚会等，每件事都让我忙得不可开交。

营火晚会结束，大伙儿先去洗个澡后，又围成一圈说鬼故事。

鬼故事说完，胆子小的也吓得差不多时，再逼他们一定得去夜游。

夜游回来后，仔细清点人数，便打发他们进帐篷睡觉。

我和小伟在帐篷外守夜，边泡茶边聊天，打算度过漫漫长夜。

“你是不是喜欢李白？”小伟问。

“你看得出来？”我吓了一跳。

“机车郊游出发前，她抽中你钥匙的瞬间，好像抽中特等奖一样，当时我很纳闷。回程时她又抽中你的钥匙，我就知道一定有问题。”

“也许我和她真的很有缘呢。”

“屁啦，最好是这样。”他问，“你怎么办到的？”

我不想瞒他，便老实把细节说清楚，他边听边笑，最后说了声佩服。

“我想她应该很喜欢你，才会这么配合。”他说。

“也许是因为我和她高中时就认识的关系，她不好意思拒绝。”

“别装傻了。她如果不喜欢你，抽中你钥匙时，就不会那么高兴。”

我笑了笑，没多说什么，但心里很高兴。

“没想到你们真的在守夜。”徐雅玲突然出现。

“当然要守夜啊。”小伟说，“我们可是在野外露营耶。”

“我以为你们只是说说，好让学弟妹在帐篷内睡得心安而已。”

“原来你并不相信我们。”我说，“适度的防卫心很好，但过度防卫会变成多疑。”

“抱歉。”她笑了笑，有些不好意思。

“已经三点了。”小伟说，“你再回去睡吧。”

“嗯。”她说，“晚安。”

“你是不是喜欢徐雅玲？”我问。

“有这么明显吗？”他很纳闷。

“舞会那晚你丢下我，载她回家。这种见色忘友的事，得丧尽天良、丧心病狂才干得出来。”

“抱歉。”他笑了，“坦白说，我当时完全忘了得载你回去。”

“你为什么喜欢她？”

“第一眼看见她，只觉得她很凶，很难亲近。但跟她跳了一支舞后，我觉得她好像是我心里所遗失的一部分。”

“嗯？”

“我知道这样讲很怪，但我真的这么觉得。”他说，“那部分我原以为已经丢掉了、找不到了，没想到却因为遇见她而找回来。”

我仔细思考他的话，一时之间没有回答。

“我的话很难理解吧？”

“也不会。”我说，“只是你刚刚说话的内容很像心理社员会说的话，所以我很难想象。”

“那么我就用简单的话说吧，总之她就是我的菜。”他笑了笑，“而且哑铃可以用来锻炼臂力啊。”

我也笑了。小伟是个风趣的人，跟他熬夜不会无聊。

我和小伟一直守到天亮所有人都起床后，才钻进帐篷补眠。

第二天的活动比较单纯，就由别的工作人员搞定。

等我们醒来后，便拆掉帐篷，把所有器具打包收拾好准备回去。

最后合照时，小伟竟然把手搭在徐雅玲肩上，我赶紧大喊：“小心！”

小伟和徐雅玲同时转头看着我，满脸疑惑、一头雾水。

“还是要有适度的防卫心。”我笑了笑。

徐雅玲听完后脸上一红，小伟的表情则有些尴尬。

迎新露营结束后还有一个礼拜就是期中考周，我得闭关准备期中考。

如果为了办活动而荒废学业，那就得不偿失了。

期中考过后便是校庆周，学校内举办各式各样的活动，很热闹。

我和珊珊学姐正讨论心理社该如何共襄盛举时，杨玉萱出现了。

她先跟我打声招呼，我向她介绍珊珊学姐，她再说声学姐好。

“你们心理社打算在校庆表演什么节目？”她问。

“正在伤脑筋。”我说。

“手语社明晚七点在学生活动中心一楼广场表演节目。”她笑了笑，“欢迎你来观赏。也欢迎两位学姐。”

“那一定很精彩。”我说，“我会去看。”

“谢谢捧场。”她想了一下，“嗯……”

“怎么了吗？”

“好久不见了，不知道该说什么才好。”

“我们刚开学时见过，到现在也才一个多月，应该不算久。”

“这样已经很久了。”她说。

我愣了愣，没有回话。

“记得哦，明晚七点，一楼广场。”

“我会记得。”

“那么我先走了。”她挥挥手，“不妨碍你们继续讨论。”

我也挥挥手说声Bye-bye，看着她的背影走下楼。

“她是不是很喜欢你？”怡珊学姐问。

“这……”我有些不好意思，“我不清楚。”

“我猜她应该喜欢你。”秀珊学姐说。

“学姐为什么这么说？”

“爱情跟打喷嚏一样，越想忍住，越忍不住。”怡珊学姐说。

“她虽然想极力忍住，但最终还是打喷嚏了。”秀珊学姐说。

珊珊学姐笑了起来，而且笑容很暧昧。

隔天晚上我一个人去欣赏手语社的节目，她们总共表演了八首歌。

杨玉萱只出现在《月亮代表我的心》这首歌。

台上共七位手语社员表演这首歌，但只有她在举手投足间，流露典雅的美感。我不由得又想起栀子花女孩。

或许别人会不以为然，甚至觉得我的联想力太丰富，但在我的眼里，杨玉萱和栀子花女孩的文静典雅特质，确实很相像。

社长觉得校庆期间应该要表演节目，便召集所有心理社员开会讨论。

有人提议让心理社员在台上围成一圈，就像团体活动时间那样。

在圆心放盏灯泡，社员手牵着手喃喃自语一番，突然间灯泡就亮了。

“我们又没有特异功能，请问如何让灯泡发亮？”社长问。

“拉条电线并且藏好，再找个人躲起来偷偷插上电，灯泡就亮了。”

“你要让心理社蒙羞吗？”社长大叫。

社长说得没错，心理会影响生理，他这种心理状态会导致高血压。

总之心理社最终还是没讨论出要表演什么节目。

校庆期间学校还办了个校庆舞会，校内学生凭学生证就可入场。

去年我没参加这个大型舞会，今年觉得去看看也无妨。

这种舞会对校内情侣比较有意义，比如阿忠和林依琦、小伟和徐雅玲。

萧文莹是外校生不能进场，所以李君慧只好跟我进场去喝免费饮料。

参加舞会的只能是校内学生，所以男女比例明显失调，男远多于女。

常看到几个男生围着一个女生邀舞，有些女生心里很高兴，但有些女生的反应就像是在狮群里落单的羊。

慢舞旋律响起时，多数男生会坐在场边，因为两个男生跳慢舞很怪。

但多数男生会下场跳快舞，不管有没有舞伴。

有舞伴的跳Soul，没舞伴的围成一圈独舞，自得其乐。

我和李君慧则是凑热闹的，始终坐在场边喝鸡尾酒和红茶。

“喂，你看。”李君慧指着我右前方，“是Jenny。”

顺着他指的方向，我一眼就看出她在我右前方十米处，正和一个男生跳快舞。

她是那种外形很亮眼的女孩，即使灯光昏暗，她依然亮眼。

“一起去打个招呼吧。”旋律停止时，他说。

我正想阻止他，但他已张口大喊：“Jenny！”

她转头看见挥着手的李君慧，笑了笑后，便走向我们，坐在我左侧。

“怎么不下场跳？”她说，“要不要我介绍女孩子陪你们跳舞？”

“你讲话的口吻怎么好像是酒店的妈妈桑？”

“Jack。”她咯咯笑了起来，“你总是那么funny。”

正想接话时，有个男生从右侧切入，对她说：“可以请你跳支舞吗？”

“抱歉。”她摇摇头，微微一笑，“我想休息一下。”

那个男生一走，又有个男生从左侧切入：“我是否有荣幸请你跳舞？”

她还是摇摇头，说了声抱歉。

眼看第三个男生正准备切入时，她立刻挽着我左手起身说：“抱歉。这首慢舞我想和男朋友一起跳。”

“啊？”我吓了一跳，李君慧应该也是。

她右手挽着我左手，走向场中，越走越快，我的脚步有些踉跄。

“喂。”终于停下脚步后，我说，“你为什么说我是你男朋友？”

“先跳舞吧。”她说。

她把右手放在我左手上，左手搭上我的肩膀，然后微微一笑。

“我未经你同意就挽你的手，你会觉得心旷神怡吗？”她问。

“你果然还记得。”我叹口气。

“是呀。”她说，“女生是很小心眼的。”

“我什么时候变成你男朋友，我怎么不知道？”

“你好过分！”她似乎很生气，“事到如今，你竟然还敢否认？”

“我……”

“逗你的。”她笑了起来，“别紧张。”

“你……”

“我说你是我男朋友是开玩笑的，不然我无法脱身。”

“这种玩笑以后少开，也不适合你开。”

“为什么？”

“你这么漂亮，如果男生把你的玩笑话当真，一定会觉得受宠若惊。但事后知道你是开玩笑的，他会从天堂直接摔到地狱。”

“好吧。”她吐了吐舌头，“我以后少开这种玩笑。”

好像没什么要说的了，这时我才意识到我和她正在跳慢舞，而且四目相对，彼此的眼睛只相隔20厘米。

近距离看她，更能发现她的混血特征，尤其是眼睛确实比较深。

“你觉得我漂亮吗？”她轻声问。

“喂。”我收敛心神，“你还来？”

“我不是在逗你，我很认真。”她问，“你真的觉得我漂亮吗？”

“嗯。”我点点头。

“如果我长得漂亮，那么我认为比我漂亮的人，应该更漂亮吧。”

“可以这么说。”

“我有个高中同学，目前在高雄念大学，我觉得她长得比我漂亮。”

“喔。”我应了一声，“所以呢？”

“你想不想跟她们联谊？”

“喂。”

“喂什么喂，到底想不想跟她们联谊？”

“她的脾气很坏？”

“No。”

“她的个性很差？”

“No。”

“她的性格有缺陷？”

“No。”

“她的心理有毛病？”

“No。”

“我知道了。”我说，“她一定是变态。”

“不是！”

“让我考虑一下吧。”

“我会跟你们班上同学说这件事，我就不相信他们会让你考虑。”

“喂。”

“不要再喂了。”她说，“她们想露营，你就跟她们一起办露营吧。”

“为什么要找我们？可以找别人啊。”

“雅玲说你们迎新露营办得很好，而且还会守夜，所以就是你们了。”

“我……”

“别说了。”她收回双手，“音乐停了。”

我和她正准备走回去时，音乐再次响起，还是慢舞旋律。

她又挽着我左手转身往反方向走，一直走到出口附近才停下脚步。

“可以跳舞了。”她微微喘气。

虽然有点纳闷，但她已摆出舞姿，我也只好再跟她跳一首慢舞。

一直近距离注视她的眼睛很容易脸红心跳，我便缓缓移开视线。

“跳舞时要看着舞伴才有礼貌。”她说。

“抱歉。”我将视线移回到她的眼睛。

“我漂亮吗？”她直视着我，轻声问。

“你还来？”

“我可爱吗？”

“不要再玩了。”

“我美吗？”

“喂。”

“我辣吗？”她终于忍不住笑了起来。我也跟着笑，Jenny真的是古灵精怪，甚至是白目。

“为什么你要拉我到这里跳？”我问。

“待会儿音乐结束后，我可以直接走人。”她说，“不然很难走开。”

“那么我们干脆往出口移动吧。”

“好主意。”她笑了。

我们边跳边往出口移动，守在出口的工作人员很讶异地看着我们。

“我会再找你。”音乐一停，她说，“记得要好好办露营呀！”

她笑了笑，挥挥手，迅速转身从出口离开。

因为Jenny的出现，我们班多了一些联谊活动。

从我的角度来说，她很热情地找了一些女生来跟我们班联谊；但换个角度想，对诗雅、徐雅玲以及刚刚她口中漂亮的高中同学，Jenny也很热情，所以才会为她的朋友找寻适合办联谊的对象。

因此就像栀子花女孩在高中时的公交车上主动帮我拿书包一样，她们都有相同的热情特质。

或许旁人还是会觉得这两者差异很大、我的联想力太丰富，但在我的眼里，Jenny和栀子花女孩的热情特质，几乎是一样。

校庆舞会结束后，当晚我、李君慧和小伟便在寝室里讨论露营的事。

“阿忠。”我说，“你也来帮忙。”

“这次联谊我不去。”阿忠躺在床上，“我被林依琦禁足了。”

“为什么？”

“你竟然还敢问？”阿忠霍地直起身，“要不是你在机车郊游时说了机车的话，我怎么会被禁足！”

“我哪有说什么机车的话？我说的是你的心声耶。”

“你……”

“阿忠，还是去吧。”小伟说，“听说这次的女生很漂亮呢。”

“小伟你这样说不道德。”我说，“还没有联谊前不能这么说，要等联谊完后，才可以说这次联谊的女生很漂亮，以达炫耀之目的。”

“说得对。”小伟笑了。

阿忠翻身背对着我们，似乎不打算理我们。

“我会跟林依琦说我是开玩笑的，这样她就不会生气了。”我说。

“好啦。”阿忠翻身下床，“我帮就是了。”

我们四个人在寝室里讨论联谊细节，越说越起劲，都忘了时间。

“唉。”我叹口气，“如果念书也能这么认真，该有多好。”

“我有同感。”小伟说。

“不过这是不可能的。”阿忠说。

“只好认命了。”李君慧说。

我们四个人哈哈大笑，在半夜三点。

透过Jenny的穿针引线，我和Jenny的高中同学约好见面的时间地点。

我原本坚持在她的学校附近碰面，但她却坚持在我的学校附近碰面。

后来我们各退一步，就约在高雄火车站附近的咖啡店。

我坐火车到高雄火车站，她搭公交车到高雄火车站。

“要麻烦你大老远跑到高雄，真是不好意思。”她在电话中说。

“这是应该的。”我说，“而且高雄并不远。”

原本只有我和李君慧要搭火车，但小伟很想看看Jenny口中的大美人，便也跟着去。我们三个人坐了40分钟的火车到高雄。

走进约定的店里，先看到吧台，再顺着吧台的弧线往右走。

她说她会穿着系服——红色的外套，背后印上外文系的白色英文字。

我准备要搜寻穿红外套的女孩时，却一眼就发现她，根本不用搜寻。

在视野的正前方，靠墙摆了三张长方形的四人桌，桌子的一边是紧贴着墙的一长排沙发，另一边则各放了两张木椅。

她独自坐在最里面的桌子，靠近外面的木椅上，背对着我们。

“不好意思。”我走到她背后两步，“请问你……”

她回过头，看了我一眼，我吃了一惊，话突然哽在喉间。

Jenny说得没错，她真的是道道地地的大美人。

“是蔡同学吗？”她微微一笑，“请坐。”

我点了点头，走向她对面贴着墙的长排沙发，坐在她左前方。

没想到小伟和李君慧也跟着我坐在沙发上，三个人挤成一排。

“喂。”我低声说，“坐过去啦。”

“你坐过去啦。”小伟和李君慧异口同声。

我们三个人低声交谈了几句，竟然没人敢坐在她旁边。

“你们这样坐不会太挤吗？”她问。

“不会。”小伟和李君慧又异口同声。

我不想回答，因为觉得好丢脸。

服务生走过来，看见我们三个人挤在一起，脸上满是惊讶。

我只好站起身，坐在她左手边的木椅上，并悄悄把木椅往左挪动。

坐这位置最大的好处就是不必直视着她，不然像这么漂亮的女孩，大概只需直视三秒脸就会红，而且恐怕还会自惭形秽。

李君慧刚好坐在她对面，我看他的头始终低低的，似乎不太敢看她。

“你们好。”点完咖啡后，她说，“我是张秀琪。”

然后又是令人尴尬的十秒钟，因为我们三人没一个开口自我介绍。

“你好。”我终于先开口，“我是跟你通电话的蔡修齐。”

再来是小伟开口，李君慧最后开口，而且还因紧张而舌头打结。

自我介绍完了，接下来是简单的寒暄，客套完后正准备切入主题时，小伟突然说：“秀琪这名字如果念快一点，听起来很像是修齐。”

“是吗？”她低声念了几次，然后转头对我说，“我们真是有缘。”

虽然我不觉得秀琪念快一点会像修齐，但我脸上还是微微发热。

这女孩会让我心里立刻选择形容词，我选的是漂亮，单纯的漂亮。

以外貌而言，她是属于让我95%心仪的女生。

保留5%空间，以免将来万一遇见更漂亮的女孩而导致破表。

坐这位置虽然不用直视她，却可闻到她身上阵阵幽香。

我定了定神，拿出纸笔，在纸上边画边写边说明，避免跟她视线相对。

由于我们早已有了腹案，因此她只需回答是非题——好或不好，或者是选择题，加上她并没有特别的想法，所以很快就达成共识。

她的视线和我一样，通常集中在纸上，但偶尔会转头看着我。

如果我刚好也转头看着她，我右眼和她左眼的距离应该不到20厘米。

在这种近距离下，即使只看到她四分之三侧脸，也会让我心跳加速。

“这是野外露营的注意事项和建议携带的物品。”我递给她一张纸，“请你回去转告你们班同学。”

“谢谢。”她伸手接过，“那有什么事需要我们帮忙吗？”

“应该不用。”我笑了笑，“你们只要带着愉快的心情来露营就好了。”

“请让我做点什么吧，不然我真的会觉得很不好意思。”

可能因为情急，她的脸颊微微涨红。

“我有个不情之请。”我说，“想请你做一件很有价值的事。”

“如果可以做到，我一定做。”她睁大眼睛。

“请签名。”我摊开笔记本，露出空白页。

“签名？”她很疑惑。

“将来如果你去演电影，由于你是外文系学生，英文没问题，你应该会去好莱坞演大美人之类的角色，例如《木马屠城记》中的海伦，于是你可能会成为国际巨星。”我说，“那么你的签名就很有价值。”

她愣了愣，但还是拿起笔在纸上签：张秀琪。

我恭敬地合上笔记本，再微微向笔记本点头致敬，然后轻轻拉开背包拉链，小心翼翼将笔记本收入背包。

“感恩。”我双手合十。

她笑了起来，笑声清甜，像纯净的山泉水。

“你们肯跟我们一起去露营，对我们而言就是莫大的荣幸。”我说，“初次联谊，彼此完全不认识，这时让男生处理杂事乃是天经地义，所以请你千万不要客气，也不要在意。”

“好吧。”她笑了笑，“我只好说声麻烦你们了。”

“不会麻烦。”我也笑了笑。

讨论得差不多了，她说要上洗手间而暂时离席。

我们三人瞬间恢复本性，开始互相调侃，笑骂对方没用。

等她回来时，我们又变成乖巧羞涩的模样。

“谢谢你们。”她伸出右手跟我们一一握手，“活动的筹备很完整，你们真的很细心体贴。”

虽然握住她的手的瞬间，一阵柔软让我晕眩，但我还是忍不住说：“其实真正细心体贴的人是你。”

“为什么这么说？”她似乎很纳闷。

“你原本坚持要来找我们，不让我们到高雄。这是一种体贴的表现。”

“但最后还是让你们跑到高雄了呀。”她笑了笑。

“你迁就我的坚持，这也是体贴。”我说，“你选了靠近车站的店，让我们下车后不必奔波；你穿了色彩鲜明的外套，方便我们相认；你挑了这家店最显眼的位置，让我们省去找人时的麻烦。这些都是细心体贴的表现。”

“嗯。”她微微一笑，“还有吗？”

“而且你竟然提早20分钟到。”

“呀？”她吓了一跳，“你怎么知道？”

“我们三人准时到达，但我刚进来时，却发现你桌上的水只剩一半。现在是冬天，你应该不至于一走进店里就马上喝掉半杯水。另外，服务生倒的是冰水，室内热空气遇冷，会在玻璃杯缘凝结成水珠。你的杯子在我刚进来时就已泪流满面，而且杯子下面的纸杯垫满是水渍，显示你起码已经到了20分钟以上。”

“你好厉害。”她又笑了。

“还有喔。”

“还有？”

“你做的最细心体贴的事，就是你已经把账单付了。”我说。

“你为什么会知道？”她又吓了一跳。

“你是细心体贴的人，一个细心体贴的女孩应该不会在上完洗手间后就马上跟男生握手。”我笑了笑，“这里的账单没放在桌上，应该是在柜台。所以你刚刚不是去上洗手间，而是去柜台买单。”

她睁大眼睛看着我，脸上一副难以置信的表情。

“谢谢你的招待。”我说，“我们一定会把活动办好，请你放心。”

“嗯。”她点点头，“我相信你。”

"小伟、李君慧。"我看着他们，"你们也说些话吧。"

"谢谢你的招待。"小伟和李君慧又异口同声。

"别客气。"她笑了起来。

"可以把刚刚那本笔记本拿给我吗？"她说。

我很纳闷，打开背包拿出笔记本，递给她。

她翻到签了名的那一页，在"张秀琪"下又补签：Helen。

"如果我是国际巨星，应该会签英文吧。"她笑了。

"你的英文名字真的是Helen？"

"嗯。"她点点头。

"果然名副其实。"

"谢谢。"她虽然又笑了，但笑容有些羞涩。

离开这家咖啡店，我们互相道别，并期待露营的日子早点到来。

"秀琪和修齐的英文拼法是一样的。"她突然说，"而且……"

"而且什么？"我问。

"秀琪、秀琪、秀琪、秀琪、秀琪、秀琪、秀琪、秀琪、秀琪……"

她低下头，口中重复念自己的名字十几遍，然后抬起头笑说："秀琪念快一点，听起来真的很像是修齐呢。"

那一瞬间，我又莫名其妙想起栀子花女孩。

可能是因为刚重逢时，我说我是由她那句"下车小心"认出她，于是她低下头口中念出十几次"下车小心"。而这跟张秀琪低头口中念"秀琪"十几遍的情景很相像。但更莫名其妙的是，我竟然觉得张秀琪和栀子花女孩很相像。看着眼前这位不折不扣的漂亮女孩，我又开始感到迷惑。

Chapter 11

魔术师的选择

这次露营很需要人手帮忙，所以我去找林依琦，替阿忠求情。

我甚至连阿忠在联谊时从不看别的女生这种昧着良心的话也说出口。

“为什么你的眼珠往右上飘？”林依琦问。

“跟你讲话的同时，我好像看到飞碟飞过右上方天空。”

她应该不相信有飞碟，但她还是勉强同意解除阿忠的禁足令。

露营时间在12月中，地点选在茂林风景区，距离张秀琪的学校较近。

这个风景区涵盖高雄县和屏东县，因此景点选择和动线规划便很重要。

我们寝室四个人一大早坐车到屏东，租了两辆机车，骑进风景区踏勘。

踏勘回来后已是深夜，但我们还是熬夜敲定了两天一夜的所有行程。

出发当天，车子从我们学校出发，然后到高雄载张秀琪她们班女生。

到了她们学校后，男生先下车抽卡片，以便决定跟哪位女生一起坐。

传统的方法是将一张扑克牌剪成两半，让凑成整张的男女坐在一起。

后来学长想出把广为人知的情侣名字写在卡片上，男女分别抽卡片，依照卡片上的人名，就可以自行配对。比方罗密欧与朱丽叶、杨过与小龙女、西门庆与潘金莲等。

我把写上女生名字的卡片交给张秀琪，请她拿去让女生抽。

张秀琪穿了件紫色风衣，鲜艳的颜色把她衬托得更加明艳动人。

已经不是初次见面了，没想到再次见面依然像初次见面时那样震撼。

“我们又见面喽。”她笑了。

虽然我可以简单说是啊，但我竟然没说话，只有傻笑回应。

在她面前，似乎连简单的寒暄也很吃力。

可以跟她坐在一起的男生应该很幸运，但恐怕会折寿几个月。

结果张秀琪抽到陈圆圆，以美貌而言，或许还挺相称。

男生这边要折寿几个月的幸运儿是李君慧，他抽到吴三桂。

小伟是贾宝玉，而抽到林黛玉的女生虽然略显丰腴，但还蛮可爱的。

由于男生比女生多两个人，我要阿忠不要抽卡片，跟我坐在一起。

“为什么我不能抽？”阿忠哇哇叫，“搞不好我可以和大美女坐啊。”

我没说话，拿出纸笔，然后在纸上窸窸窣窣写字。

“你在写什么？”他很纳闷。

“把你刚刚说的话记下来，回去后拿给林依琦看。”

“喂！”他一把抢走纸笔，“不抽就不抽。”

车内的气氛不错，刚认识的男女没多久便聊得很开心。

阿忠闷闷不乐，不想跟我说话，我则乐得清闲安心睡觉。

两个小时后下车，去了几个景点，也参观了一些原住民的文物和工艺，傍晚抵达露营区。

这里的露营区设备很好，烤肉桌椅、公厕、淋浴间、营火场都有。

晚餐的烤肉、烤肉过后的营火晚会，都可以在这里举行。

露营场地在树林间，有许多用木头盖成的正三角形小屋子，不仅省去搭帐篷的麻烦，睡在木板上也比较舒适。

感觉就像在森林内露营，以天为被、以地为床、以林为墙。

而且这里利用热泵原理把水加热，晚上还可以洗热水澡。

张秀琪算工作人员，烤肉时她和两个女生跟我们寝室四个人同组。

阿忠、小伟和李君慧抢着要生火，生完火后又抢着拿夹子烤肉。

“请用。”他们三人竟然同时递给张秀琪第一片肉。

她愣了一下，不知道该伸手接下哪一片。

“真是没用。”

我低声骂了他们三个，接下三个盘子，分别递给三位女生。

要递给张秀琪时，她嫣然一笑，说声谢谢，我手一软盘子几乎落地。

“你还不是一样。”他们三人异口同声。

营火晚会由小伟主持，李君慧和阿忠负责音响，我则假装忙碌。

活动带得不错，气氛又好，所有人欢笑声不断，情绪很high。

晚会结束后可以去洗热水澡，然后是自由活动时间，可以去夜游。

这里位于远离尘嚣的山脚，夜晚很宁静，很适合露营观星。

在满天星斗下，这里有种浪漫的气氛，大伙儿不约而同聚在一起谈心。

可能是大家心情很好，而且洗完澡后又格外有精神，所以就聊开了。

突然有人提议趁此良辰美景，干脆在星夜下办舞会，大伙儿拍手叫好。

音乐旋律随即响起，是动人的情歌。

“喂，蔡修齐。”我们班班代大叫，“快开舞啊！”

推托了几次，还是禁不住旁人的鼓噪和催促，我只得站起身。

我走到张秀琪面前，极力控制自己的紧张感，缓缓伸出右手。

“我该怎么做？”她看着我的右手。

“给我钱。”

“嗯？”

“请把你的手交给我。”我说。

她迟疑一下后伸出右手，我牵着她走进场中，紧张感几乎破表。

“怎么办？”她低声说，“我根本不会跳舞，我好紧张。”

看了一眼她的神情，我的紧张感顿时消失大半，而且还笑了起来。

“你笑什么？”她有些不好意思。

“你知道消除紧张的最有效办法吗？”

“不知道。”她摇摇头。

“就是遇见一个比自己更紧张的人。”

“你很紧张吗？”

“嗯。”我点点头，“面对你，男生都会紧张，何况是跳舞。所以你不用紧张，就把我当成是比你更紧张的人。”

“好。”她说，“可是如果你原本很紧张，但因为我的紧张而不紧张，既然你已经不紧张了，我又如何把你当成是比我更紧张的人呢？”

“张秀琪同学。”

“嗯？”

“我只是从非常非常紧张变成非常紧张而已。”

“真的吗？”

“真的。”我点点头，“我很紧张，所以你不用紧张。”

“嗯。”

“音乐快结束了，再忍耐一下子就好了。”

“好。”她微微一笑。

我左手托着她右手，右手放在她腰际，并要她把左手放我右肩。

由于她今天穿着风衣，而我也穿厚外套，所以除了手心接触外，另一只手几乎没有碰触对方身体的感觉。

幸好不是穿着短袖衣服的夏季，不然会更紧张。

为了礼貌起见，我得注视着她的眼睛，但只注视几秒，我便脸红心跳。

我也终于明白为什么老是有人把闪烁的星星与美丽的眼睛相比。

在这繁星点点的夜里，她的眼睛就像夜空中的星星一样闪亮。

如果没有意外，她可能是我这辈子近距离接触的最美雌性人类。

像这样的女孩应该不会出现在生活周遭，我何德何能可以认识她呢？

不过话不能这么说，就像如果西施出生在现代，那么她也会上学，于是她就有小学同学、中学同学、高中同学，也许还会有大学同学。

这么多同学未必都德才兼备，搞不好都是市井小民、寻常百姓之辈，他们只是凑巧和西施是同学，于是便认识西施而已。

“我该怎么做？”她问。

“嗯？”

“音乐停了。”

“喔。”我回过神，立刻收回双手，恭敬地说，“谢谢。”

“我也要说谢谢吗？”

“不。”我笑了笑，“你要说平身。”

她先是愣了愣，随即笑了起来。

我们各自回到原位，下一首曲子响起，男生纷纷起身邀请女生共舞。

在星夜下跳舞挺新鲜也挺浪漫，于是大家的兴致都很高。

接下来的曲子，时而是轻快的旋律，时而是动人的情歌，但我一直坐着，没再下场跳舞，张秀琪也是。

我相信张秀琪是所有男生目光的焦点，可是竟然没人敢去邀她。

或许他们都觉得她可远观而不可亵玩焉。

站在公关的立场，我不能让她一个人呆坐着，只好起身。

“可以请你跳支舞吗？”

“嗯。”她点个头后，站起身。

我原以为她也许会摇头，没想到她却一口答应。

“其实你可以婉拒，你知道吗？”

“可以婉拒？”她有些诧异，“可是这样不是很不礼貌吗？”

“不会啊。要不要跳舞本来就是你的自由，不能勉强。”

“哦。我知道了。”

“那么我重新再来一次。”我说，“记得要尊重自己的意愿喔。”

“嗯。”她点点头。

我往回走，班上几个同学笑了起来，我猜他们一定以为我被打枪。

走了十步后，我立刻向后转，再度走到她面前。

“可以请你跳支舞吗？”

“好呀。”她笑了起来。

我也笑了，牵着她的手走进场中，这是一首快舞旋律。

她没参加过舞会，也没听过Soul，我便向她说明舞步和节拍。

可能是我教得不好，或是她有点分心，因此她学得很慢。

“我是不是很笨？”她问。

“跟男生喝咖啡还抢着付钱……”我笑了笑，“你确实很笨。”

她也笑了，然后音乐停了。

下一首音乐响起，又是快舞旋律，我便顺势重新教一遍。

这次好多了，她似乎掌握住诀窍，我带着她跳了几步、转了几圈。

“不难吧。”我说。

“嗯。”她点点头。

然后我们正式跳，虽然转圈有点拖拍，但还算蛮顺的。

“谢谢。”音乐结束后，我说。

“平身。”她笑了。

可能是受到我的激励，班上同学纷纷向她邀舞，她也应邀跳了几首。

阿忠也想向她邀舞，他还特地警告我千万别跟林依琦说。

“傻瓜。”我笑了，“我不说，别人会说啊。”

他原本兴奋的脸瞬间垮了下来，然后开始捶胸顿足。

没多久他便说时间太晚了，明天还有活动，要大家赶紧休息。

虽然意犹未尽，但夜确实很深了，大家只好各自回帐篷睡觉。

我和小伟打算开始守夜时，张秀琪走向我们。

“你们真的要守夜吗？”她说。

“是啊。”我说，“你先去睡吧。”

“我泡咖啡请你们喝。”

“这怎么好意思。”我说。

“那就麻烦你了。”小伟却说。

“不麻烦。”她笑了笑，然后离开。

“喂。”我瞄了小伟一眼，“在野外泡咖啡不方便，干吗麻烦人家？”

“应该只是冲热水就可以喝的即溶咖啡而已，不会麻烦。”他笑了。

但当张秀琪拿了一组咖啡壶具出现时，小伟的笑容就僵住了。

“这是虹吸式咖啡壶？”他问。

“是呀。”她说。

小伟转头看着我，一脸惊讶，这回我倒是光明正大瞪了他一眼。

虹吸式咖啡壶分上、下壶，还有壶架、滤布等配件，煮法也很讲究，而且在野外只能用酒精灯加热，控火不易，煮杯咖啡其实算麻烦。

她先把下壶固定于壶架，并在下壶中倒入约300毫升的水。

将滤布的挂钩勾住上壶下面凸出的玻璃管外缘，再将上壶套入下壶。

拿出酒精灯放置于下壶下方，然后点火加热。

当下壶的水涌入上壶，她迅速倒入咖啡粉并搅拌，使咖啡粉充分浸湿，然后静候咖啡萃取约30秒，熄灭酒精灯，再进行第二次搅拌。

上壶的咖啡逐渐回流到下壶时，停止搅拌，用湿抹布包住下壶。

咖啡便加速回流至下壶，直到上壶只剩咖啡残渣。

她将煮好的咖啡倒成两杯，一杯给我，一杯给小伟。

“真是太麻烦你了。”我说。

“反正我刚刚才跟同学煮咖啡来喝，再煮一次也还好。”她笑了笑。

“谢谢你专程带这组虹吸式咖啡壶来露营，只为了煮咖啡给我们喝。”

“嗯？”她愣了愣，“不是专程，只是顺便。”

“携带这组器材不容易，还得带上咖啡杯。煮咖啡又麻烦，最后还得清洗干净。”我说，“你专程这么做，我们实在是受宠若惊。”

“请别客气。”她说，“但我真的不是专程呀。”

“来露营前，你应该是认为守夜的人得熬夜，一杯香醇咖啡是最好的提神饮料，所以你才会不嫌麻烦带了器具、不辞辛劳煮杯咖啡。”

“我……”她欲言又止。

“对了，你还得带磨豆机，而且这里没电，你只能带手动磨豆机。”

她静静看着我，眼神充满疑惑，过了一会儿，便微微一笑。

“说吧。”她笑了起来，“破绽在哪儿？”

“如果你在这里跟同学煮咖啡，我们应该会闻到咖啡香，可是没有。煮完咖啡后，滤布一定很脏，得清洗一番，但你刚刚煮咖啡前滤布很白净，而且是干的，可见今晚还没煮过咖啡。”

“那你怎么知道我带了手动磨豆机？”

“你这么细心体贴，煮咖啡又讲究，不太可能会事先磨好咖啡豆。”

我笑了笑，“你一定是刚刚才磨咖啡豆，以确保咖啡粉新鲜度。”

“竟然瞒不过你。”她也笑了。

“张秀琪同学。”

“嗯？”

“谢谢你。”

“不客气。”

“喝了这杯咖啡，连熬三夜也值得。”

“千万别这么说。”她又笑了。

小伟觉得很不好意思，便坚持要帮她清洗咖啡壶和咖啡杯。

只剩我和她在闪亮的星夜下，安静地坐在一起。

“也许我带咖啡壶来，只是为了展现煮咖啡手艺而已。”她打破沉默。

“要展现会趁大家都醒着，没理由等大家睡着了再展现吧。”我说，“你就承认自己是个细心体贴的女孩吧，这是你的特质。”

“好吧，我承认。”她笑了笑，“不要跟别人说哦。”

“嗯。”我也笑了。

“需不需要我再签名？”

“嗯？”

“如果我将来成为国际煮咖啡巨星，那么我的签名就很有价值。”

我立刻拿出笔记本，摊开空白页，她利落地签下：Helen。

“感恩。”我双手合十。

“平身。”她笑了起来，我也跟着笑。

小伟回来后，我们三人简单聊了一下，大概只有五分钟。

虽然跟她聊天很愉快，也很想让她多待一会儿，但理智和良心告诉我，这是不对的。明天还有活动，她需要休息。

依她的细心程度，应该可以体会我不可能让她待太久的心情，于是她说了声晚安后，便走回帐篷。

“如果你不说，我还真无法体会出张秀琪的细心体贴。”小伟说，“还好徐雅玲不是这么细心体贴的人。”

“怎么说？”

“如果徐雅玲这么细心，但我又无法体会，这样她岂不是很可怜？”

“或许吧。”

我想起第一次在交谊厅见到栀子花女孩那晚，为了不让我觉得生疏，她问了一个哪些字不管怎么转都不会变的问题，并假装不知道答案。

这跟张秀琪专程煮咖啡却假装只是顺便，两者的本质一样。

栀子花女孩的善解人意跟张秀琪的细心体贴，不管别人如何区别，但在我的眼里，她们的这种特质很相像。

或许因为这样，我才会有张秀琪和栀子花女孩很相像的错觉吧。

我和小伟继续守夜，天气越来越冷，我们泡了壶热茶驱寒。

小伟说有人邀张秀琪她们班女生当圣诞舞会的舞伴，而且成功了。

“可是不在同一座城市，这样方便吗？”我问。

“坐火车只要40分钟，还是来得及送女生回家。”他说。

“你邀徐雅玲当舞伴了吗？”

“过两天再邀，应该没问题。”他问，“你呢？”

我想起栀子花女孩，但没把握她会答应我，只好沉默。

“你会动摇吗？”他问。

“动摇？”

“如果张秀琪对你的印象还不错，你会邀她当舞伴吗？”

“可是我……”

“我知道你喜欢李白。”他打断我，“所以我才问：你会动摇吗？”

我竟然无法立刻回答，当场愣住说不出话来。

“你们辛苦了。”张秀琪竟然又出现，而且坐了下来。

“你该不会睡不着吧？”我问。

“我已经睡了一觉。”她说，“只是不知道为什么突然醒了。”

“在野外露营的人，心里多少有点不安，很容易半夜醒过来。”

“原来如此。”她看了看四周，“你们就坐在往洗手间的路上，这样半夜醒来想上洗手间的人，会很安心。谢谢你们的细心体贴。”

“哪里。”我说，“这是应该的。”

“喝杯热茶吧。”小伟递给她一杯热茶。

“谢谢。”她伸手接过，“我原本还担心睡帐篷会失眠呢。”

“冬天钻进睡袋里会很好睡，大概两分钟内就会打呼。”我说。

“谢谢。”她说，“对我们这种没有露营经验的女生来说，可以睡得比较舒适和可以洗热水澡的露营方式，是绝佳的露营初体验。”

“哪里。”我说，“这是应该的。”

“整夜没睡，应该很累吧？”她问。

“还好。”我说，“我们偶尔会熬夜，应该没问题。”

“这么冷的天，你们还得守夜，我除了说谢谢外，也很不好意思。”

“哪里。”我说，“这是应该的。”

“请问你喜欢什么样的男生？”小伟突然问。

“呀？”她似乎吃了一惊。

“小伟。”我低声斥责，“这问题很唐突。”

“抱歉。”他笑了笑，“因为你们两个人，一个一直说谢谢，另一个一直说哪里、这是应该的，所以我想换个话题。”

“没关系。”她也笑了，“不过我从没想过这个问题耶。”

“我也来换话题。”我说，“现在才四点多，你再回去睡回笼觉吧。”

“嗯。”她站起身，“晚安。”

张秀琪走后，我问小伟刚刚为什么要问那个奇怪的问题。

“我很好奇啊。”他说，“我想知道大美女会喜欢什么样的男生。”

“其实我也很好奇。”

“如果她喜欢你，你会动摇吗？”

“喂。别问这种假设性的问题。”

“这问题很容易回答啊。”他说，“如果她喜欢我，我也不会动摇。”

我看了他一眼，他耸耸肩，一副这问题根本不算是问题的模样。

我倒是很认真看待这问题，虽说那是不太可能的假设。

不过万一假设成立呢？我会动摇吗？

“星星好美喔。”小伟抬起头说。

我突然联想起张秀琪的眼睛，便点头表示赞同。

隔天早上吃过早餐后，我们要上车往北去看紫斑蝶。

蝴蝶一般只会出现在春夏，冬季来临前就会死去，并在死前留下后代。

但紫斑蝶和墨西哥的帝王斑蝶，是世界上两大越冬型蝴蝶，也就是说紫斑蝶像候鸟一样，冬天来临前会往南飞到温暖的山谷过冬，形成所谓的“紫蝶幽谷”，据说这地区至少有七个紫蝶幽谷。

等寒冬过去春天来到时，紫斑蝶会再飞回北方。

赏蝶最佳时间就在冬季上午，可以看到一大群紫斑蝶飞出来觅食。

当它舞动翅膀时，蝶翼会随着观察位置及阳光照射角度而改变颜色，忽而淡紫、忽而艳紫、忽而亮蓝。

“哇。”张秀琪惊叹，“好漂亮又好壮观哦。”

“嗯。”我点头表示赞同，“跟你外套的颜色很搭。”

她低头看了一眼身上穿的紫色风衣，然后笑了起来。

可能是熬夜的关系，我觉得她灿烂的笑容，耀眼炫目。

“你一夜没睡，还好吗？”她问。

“还好。不过除了满天的紫色外，我还看到金色的星星。”

她先是笑了笑，随即止住笑，又问：“真的还好吗？”

“真的还好。”我说，“请别担心，我会抽空到车上睡一下。”

下午主要去参观鲁凯族的知名建筑——石板屋，然后再去情人谷。

原本我想跟去情人谷，但张秀琪说现在正是“抽空”的好时机。

我只好待在车上小睡，当大家逛完情人谷后，行程就结束。

回程时又抽了一次签，张秀琪抽到貂蝉，抽到吕布的是我们班班代。

我依然和郁闷的阿忠坐在一起，但车子启动后不久我就熟睡了。

朦胧间听到有人叫我名字，我睁开眼睛，只看见张秀琪。

“已经到了吗？”我赶紧坐直。

“还没。”她说，“不过快到我们学校了。”

我转头看了看窗外，应该是高雄市区的夜景。

“我跟你同学换位置，你不介意吧。”

“当然不介意。”我醒了大半，“你坐在这里多久了？”

“半个小时吧，也许更久。”她说，“看你熟睡，不好意思叫醒你。”

“啊？”我完全清醒，坐得更直了。

“不过最后还是忍不住叫醒你，真是抱歉。”

“没关系。”我顿了顿，“有事吗？”

“关于昨晚的问题，不，其实应该算是今天凌晨。”她说，“我已经有了初步的答案。”

“什么问题？”我很纳闷。

“就是小伟问的那个奇怪的问题呀。”

“喔。”我恍然大悟，“那你的初步答案是什么？”

“除了真诚和善良外，还要有幽默的谈吐、随和的个性、海一般的胸襟和温柔的眼神。”

“这些条件似乎不难，我想应该会有很多男生拥有这些条件。”

“或许拥有这些条件的男生很多，可惜我只认识一个。”

“谁？”

“你呀。”

我大吃一惊，然后脸红耳赤，说不出话来。

我大概只沉默了一分钟，感觉却像一个钟头那么长。

她也没再说话，我只听见车子行进的引擎声。

我莫名其妙想起高中时最后一次见到栀子花女孩那晚。

“到了。”她终于先开口。

我转头看着窗外，车子刚好停在她们学校的门口。

“我很喜欢这次露营。”她站起身，“谢谢你。”

“不客气。”

“再见。”她笑了笑，“希望还有机会见面。”

我只说声Bye-bye，然后看着她的背影离开车子。

车子继续开回我们学校，阿忠不断追问张秀琪跟我说了什么。

“如果她说她喜欢你，你会动摇吗？”我说。

“不会。”他说，“我只会觉得很荣幸而已。”

“真的吗？”

“当然是真的。”他说，“她到底跟你说了什么啦？”

“她说她要打电话给林依琦，约出来单挑。”

“说真的啦！”

“我说真的。”我闭上眼睛，“我要睡觉了，别吵。”

回寝室后，张秀琪的话语不断在我脑中盘旋，搞得我几乎失眠。

我也问了李君慧相同的问题：如果张秀琪喜欢你，你会动摇吗？

“她干吗喜欢我？”他回答。

“不管为什么，总之如果她喜欢你，你会动摇吗？”

“我为什么要动摇？”

“因为她很漂亮啊。”

“我知道她很漂亮，但我为什么要动摇？”他一副很疑惑的样子。

看来他跟阿忠和小伟一样，根本不会动摇。

张秀琪的余音绕梁虽然不到三日不绝的程度，但起码绕梁了两日。

直到第三天我才可以冷静思考。

我并不是动摇对栀子花女孩的情感，我只是莫名其妙感到迷惑。

室友都去参加社团活动了，我打算一个人出门买点东西吃。

拉开寝室的门想出去时，看见林依琦站在门口，我吓了一大跳。

“干吗这么惊讶？”她说，“我是你同学，不认识我了吗？”

“这里是男生宿舍耶！宿舍门口写着：女宾止步，你没看见吗？”

“我看到止字上面被画了一条线，变成：女宾正步。”她笑了笑，“所以我踢着正步上楼。”

“你……”

“哎呀，我只是来送个东西给阿忠，马上就走。”

“送个东西给阿忠可否简称送忠？”

“你少无聊。”她瞪了我一眼。

“说真的。”我的口吻很严肃，“下次不要再进来男生宿舍了。”

“我当然知道，我只是急着拿流力笔记给阿忠而已。”

“明天上课时再拿给他就好，有这么急吗？”

“明天流力要平时考，你不知道吗？”

“啊！”我用力拍一下额头，“我竟然忘了！”

“活该。”她把流力笔记放在阿忠书桌上。

“你还是快走吧，万一让你发现阿忠枕头下的黄色书刊就不妙了。”

“你真的是很无聊耶！”她转身说，“我走了。”

她走了两步，突然又转身问：“圣诞舞会的舞伴，你约了吗？”

“还没。”

“你要不要约玉萱？”她说，“她已经拒绝了两个男生的邀请，或许在等你邀约哦。”

“也许她只是不想去……”

“喂。”她打断我，“你有没有良心？你去年还弄破人家的裙子耶！”

“我……”

“要约就要快，不要等到她被约走再来后悔。”说完后，她就走了。

我应该是不会后悔，只是还是会迷惑。

如果没与栀子花女孩重逢、如果没遇见Jenny、如果没遇见张秀琪，今年的圣诞舞会我一定会邀杨玉萱当舞伴。

如果没与栀子花女孩重逢，但是遇见Jenny、没遇见张秀琪，今年的圣诞舞会我可能会邀杨玉萱当舞伴。

如果没与栀子花女孩重逢，而且遇见了Jenny和张秀琪，今年的圣诞舞会我还是可能会邀杨玉萱当舞伴，只是可能性变小。

如果……

考完流力走出教室，看见Jenny。

“有事吗？”我问。

“你转个身让我看看。”她说。

“干吗？”

“转身就对了。”她推我肩膀，将我转了180度，背对着她。

“看够了没？”

“够了。”

我转回身子，只见她满脸疑惑。

“我实在搞不懂。”她说，“你看起来没什么特别的呀，正面和背面都很平常。但为什么中邪的诗雅……”

“中邪的诗雅？”我打断她。

“夜，你是不是寂寞？是不是会冷？来，到我身边，我为你取暖。”她笑了笑，“我觉得她这种行为很像中邪。”

“你嘴巴很坏。”我也笑了。

“让我把话说完。”她止住笑，“为什么中邪的诗雅、暴戾的雅玲、美艳的秀琪，还有超级可爱的Jenny我，对你的印象都很好呢？”

我脸颊微微发烫，不知道该说什么。

“来，把衣服脱掉让我看看。”

“喂。”我说，“别玩了。”

“好吧。我昨晚跟秀琪通电话，她要我向你转达感激之意。”

“她太客气了。”

“她还说你善良、真诚，有幽默的谈吐、随和的个性之类的。”

“喔。”我应了一声，又想起张秀琪在车上所说的话。

“既然秀琪对你的印象很好，你要不要邀请她当舞伴？”

“啊？”

“很惊讶吗？”

“嗯。”我点点头，“我没想过这个问题。”

“那你想一下。”她说，“不过要快，也许会有别人邀她。”

“好吧。”

“顺便想一下，你要不要邀请我当舞伴？”

“啊？”

“啊什么啊，你当然可以邀我当舞伴呀。”

她的神情不像是在开玩笑，我有些不知所措。

“我真羡慕男生。”她说，“如果男生有三个对象，可依照兴趣高低分为第一志愿、第二志愿、第三志愿。邀舞伴时，照顺序邀就好，若被拒绝就再找下一个志愿。但女生就不同了。”

“哪里不同？”

“如果女生也有三个志愿，但先来邀她当舞伴的是第二志愿，那么该答应还是拒绝？如果答应了，万一第一志愿也来邀时怎么办？如果拒绝了，结果第一志愿没来邀，甚至也没别人来邀时怎么办？”

“嗯……”我想了一下，“这问题对女生而言确实难解。”

“你知道吗？”她说，“你是我的第一志愿呢。”

我吓了一跳，惊讶得说不出话来。

“有这么惊讶吗？”她笑了笑，“所以我得来探探你的意愿。不然我一直拒绝别人的邀约，到最后没有舞伴的话就搞笑了。”

“你是认真的吗？”

“当然呀。”

“这……”

“我跟秀琪，你会选哪一个？”她问。

“喂。”

“喂什么喂，你要早点决定呀。”

“可是……”

“你是不是很伤脑筋，觉得鱼与熊掌不可兼得？”她顿了顿，接着说，“其实鱼与熊掌可以兼得哦。”

“是吗？”我很疑惑。

“熊会用前掌抓鱼，当熊掌利爪刺进鱼身把鱼抓住时，你拿刀冲出去砍断熊掌，然后捡起断掉的熊掌赶快跑掉，就鱼与熊掌兼得了。”

“什么？”

“怎么样？”她笑了起来，“这方法不错吧。”

“你是这样理解中文成语的吗？”

“别忘了，我十岁以前是在美国生活。”

她微微一笑，笑容有些古怪，一副又想捉弄人的样子。

她突然向我靠近，几乎快要贴近我的身体，然后低下头。

“Oh，Jack。我……”她抬起头轻声说，“我……”

“喂。”我神经紧绷，“你想干吗？”

“我——先——走——了。”她笑了起来，露出淘气的笑容。

我松了一口气，哭笑不得。

“记得要好好考虑。”她眨了眨眼睛，“等你哦。”

说完后她转身离开，而且边走边笑，很开心的样子。

平心而论，Jenny是个很可爱的女孩，外表和个性都是。

如果没与栀子花女孩重逢、如果没遇见杨玉萱和张秀琪……

哎呀，我突然觉得邀舞伴这件事好复杂，令人头痛。

心理社的团体活动时间到了，社长又说那套心理会影响生理的言论。

“开好车的人在寒冬开车时会将车窗摇下，好让路人看清自己的脸，所以开好车的人比较不怕冷。”他说。

我不知道该说什么，只是觉得当心理社社长的人都有点怪。

由于圣诞舞会就在下周五，有些社员谈起邀舞伴受挫时的心情。

我挣扎着要不要讲我的状况。

如果我说不知道该邀哪个女孩当舞伴，实在很困扰请大家帮帮忙时，那些根本没舞伴可找的男社员，一定会冲上来围殴我。

所以我决定还是不要讲。

团体活动时间结束，要离开时珊珊学姐叫住我。

“为什么在烦恼不知道该邀谁当舞伴呢？”怡珊学姐问。

“学姐看得出来？”我吃了一惊。

“如果对圣诞舞会没有兴趣，神情会是淡然；如果想去但没人可邀，神情会是忧愁；如果邀舞伴时被拒绝，神情会是气馁；如果不知道该邀谁当舞伴，那么神情就会像你一样，叫烦恼。”秀珊学姐说。

“学姐好厉害。”

“说吧。”珊珊学姐异口同声。

我们找个地方坐了下来，我将这礼拜发生的事告诉她们。

“原本邀舞伴应该是简单而紧张的事，没想到这么复杂。”我说。

“邀舞伴确实很简单没错，而你的状况也不复杂。”怡珊学姐说。

“你不必考虑谁喜欢你，你要考虑的是你喜欢谁。”秀珊学姐说。

“这道理我知道。”我皱了皱眉，“可是……”

“学姐变个魔术给你看。”怡珊学姐说。

“魔术？”我很纳闷，为什么突然岔开话题？

珊珊学姐低声交谈几句，然后拿出1元、5元和10元三个硬币放桌上。

“这是一个可以知道对方心理的魔术。”怡珊学姐说，“把手给我。”

我伸出右手，怡珊学姐用右手握住，五秒后放开。

“我现在已经知道你会选哪个硬币了。”她说，“你先拿两个硬币。”

我从桌上拿了1元和10元两个硬币放在左手，她便把5元硬币拨开。

“拿一个硬币给我。”

我把1元硬币给她，她又把1元硬币放在一旁。

“摊开你的左手。”

在我摊开左手露出10元硬币时，她也摊开左手，竟然也是10元硬币！

“这……”我吓了一跳。

“所以我说，我知道你会选哪个硬币。”怡珊学姐笑了。

我当然不相信心电感应那一套，可是一时之间也看不出破绽。

“再来一次。”我说。

“魔术玩两次就不叫魔术了。”

“可是如果刚刚我先给你的是10元硬币呢？”

“好吧。”她说，“我破例再变一次。”

“你先拿两个硬币。”

我依然拿了1元和10元两个硬币放在左手，她把5元硬币拨开。

“拿一个硬币给我。”

这次我故意拿给她10元硬币，她右手接过10元硬币放在手心后，随即摊开左手也露出10元硬币。

“原来如此。”我看着她双手手心上的10元硬币，笑了起来。

“不管你怎么选，我都会猜中。”她也笑了。

“不对。”我说，“如果我一开始没拿10元硬币呢？”

“好。”她又把三个硬币放桌上，“你先拿两个硬币。”

这次我故意拿1元和5元两个硬币，桌上只剩10元硬币。

她立即在桌上的10元硬币旁摊开左手，也露出10元硬币。

我恍然大悟，与珊珊学姐相视而笑。

“这就叫作魔术师的选择。”秀珊学姐说。

“魔术师的选择？”

“你以为是你的自由意志所挑选，但其实是魔术师的选择。”她说，“当你的选择不是魔术师所要的，他就会想办法去除你的选择，直到你选出他要的为止。”

“嗯……”我想了一下，“我好像懂了。”

“简单说，魔术师左手里的硬币是不会改变的，关键只在于魔术师要选择在哪个时机点露出左手的硬币。”秀珊学姐说。

“我懂了。”我说，“谢谢学姐的解说。但是学姐为什么突然把话题从邀舞伴的困扰转到这个魔术师的选择呢？”

“因为你的潜意识就是魔术师呀。”她笑了笑。

“我的潜意识就是魔术师？”我一头雾水。

“不管有多少个硬币可以选、不管你选了哪个硬币，都不是你的选择，而是魔术师的选择。”怡珊学姐说，“其实你根本不需要选择。”

“嗯？”

“你不需要烦恼邀谁当舞伴，因为你的潜意识早已选好了舞伴。”秀珊学姐说，“你试着静下心，看看自己内心深处的硬币。”

我仔细想了一下，终于明白珊珊学姐所要表达的意思。

“学姐。”我笑了笑，“我知道要邀谁当舞伴了。”

“嗯。”怡珊学姐点点头，“很好。”

“那还不快去邀舞伴？”秀珊学姐说。

“谢谢学姐。”我站起身，“我先走了。”

“加油哦。”珊珊学姐笑了。

我转身快跑，目标是最近的公共电话。

当魔术师手里拿着红色和黄色两张卡片，他希望你选择红色，会问：“红色还是黄色？”

如果你回答黄色，他会说：“很好，把黄色去掉。”

如果你回答红色，他会说：“很好，就选择红色。”

当你的选择不是魔术师所要的，他就会用适当的话语去除你的选择。

也就是说，你以为是你选了红色，但其实是魔术师要你选红色。

我之所以觉得邀舞伴很困扰，是因为我心里已经选定舞伴。

舞伴只能选择一个，当可以成为舞伴的人选超过一个时，我便会因为要去除多余的人选而产生多种复杂的心情。

例如不邀杨玉萱，我会觉得愧疚；不邀张秀琪，我会觉得遗憾；不邀Jenny，我会觉得可惜。

但如果不邀栀子花女孩呢？

我却完全没有因为不邀栀子花女孩而产生的复杂心情。

因为我的潜意识早已选择栀子花女孩当舞伴，所以当栀子花女孩这个选项出现时，我会立刻露出左手的硬币。

原来栀子花女孩就是我潜意识里，偷偷地、并紧紧握着的10元硬币。

Chapter 12

阿尼玛

如同往常一样，挂上电话后我直奔机车停车场。

跨上机车，戴好安全帽，发动引擎，出发。

沿路上的街道夜景依然柔和美丽，但我的心却忐忑不安。

邀舞伴跟求婚的状况有些类似，但邀舞伴比求婚难。

如果向女孩求婚，当她犹豫时，也许会因为你跪在地上的跪姿太可怜、你营造的求婚气氛太浪漫、你送上的戒指镶的钻石太大颗，于是她只好点头。

即使她心如铁石，也会担心你是否会跳楼，因此只能婉转地拒绝你，甚至说些她不够好配不上你之类的话。

但邀舞伴时根本不必下跪，只是单纯开口询问。

既没浪漫的气氛迷惑她，也没昂贵的戒指诱惑她。

而且拒绝这种邀约就像拒绝购买推销员所推销的产品一样，不会有任何心理负担，所以她可以很轻易而理智地拒绝你。

如果我开口了，她会淡然？犹豫？惊讶？还是不知所措？

万一我被拒绝了，在当下，如何化解尴尬的气氛？

在之后，如何平复受伤的心情？

我实在太紧张了，比第一次跟她相约见面时还紧张。

快抵达她学校的后门时，我先在路边停下机车，摘下安全帽，用力深呼吸几次试着降低心跳速率。

不过似乎没什么用，我想了一下，决定待会儿用转移焦点来缓和紧张。

我重新启动机车，在附近绕了绕，又停车买了一条烤鱿鱼。

我让店家把烤鱿鱼分成两份，然后骑到她学校的后门口，停好车。

两手各拿着一份烤鱿鱼，走到她宿舍的交谊厅。

“你怎么在这里？”我看见她站在交谊厅门口。

“你比平常晚了15分钟，我有点担心，所以坐不住。”她说。

“抱歉。”我说，“我去买了烤鱿鱼，耽搁了一些时间。”

“烤鱿鱼？”

“嗯。”我说，“因为下礼拜就是圣诞节了。”

“圣诞节跟烤鱿鱼有关吗？”她很疑惑。

“没有直接关系。”我说，“不过圣诞舞会跟烤鱿鱼有关。”

“烤鱿鱼跟圣诞舞会有关？”她更疑惑了。

“先请你吃烤鱿鱼吧。”我将右手拿的那份递给她。

“谢谢。”她愣了一下，然后伸手接过。

“你听过我们学校的圣诞舞会吗？”

“没听过。”她摇摇头。

“我们学校在圣诞夜举办圣诞舞会，凭票入场，但每张票只能让一男一女入场。任何人拿到票，如果不和异性同行，根本无法进场。”

“这规定还蛮有趣的。”她笑了笑，“然后呢？”

“然后就是这条烤鱿鱼的故事了。”

“烤鱿鱼的故事？”

“这条鱿鱼的智商非常高，而且还会说话。我问它算术问题，它竟然可以告诉我答案，我非常惊讶。没想到它说：算术太简单了，我连物理、化学、天文学等都很专精。我根本不相信，于是它就说：不信的话，你可以考我啊。”

“嗯？”

“所以它就变成烤鱿鱼了。”

她先是愣了愣，随即笑了起来，越笑越开心。

“这笑话够冷。”她还在笑。

“其实这算是个悲伤的故事。”我说，“话题再转回圣诞舞会吧。”

“好。”她终于止住笑。

“我有票，但没舞伴。”我说，“请问你愿意当我的舞伴吗？”

“呀？”她似乎吓了一跳。

“烤鱿鱼冷了不好吃，趁热吃吧。”

“哦。”她虽然应了一声，但没打算开始吃。

“吃吧。”我说，“毕竟它曾经是一条智商非常高的鱿鱼。”

“好。”她又笑了，然后咬了一口鱿鱼。

“很Q吧。”我也咬了一口鱿鱼，“果然ＩＱ越高，吃起来越Ｑ。”

她边吃边笑，几乎笑岔了气。

“我想邀你当我圣诞舞会的舞伴，希望你能答应。”

“我不会跳舞。”

“没关系。我们有一整晚的时间可以慢慢学。”

“可是……”

“烤鱿鱼好吃吗？”

“嗯？”她又愣了一下，然后点个头，“嗯。”

“贵校果然地灵人杰，连附近摊贩卖的鱿鱼智商也特别高。”

她本来想笑，但硬生生忍住。

“如果你答应当我的舞伴，我会感到莫大的荣幸。”

“这个嘛……”

“吃了智商这么高的鱿鱼后，我们的智商会增加吗？”

“不会。”

“听说还有一条鱿鱼会背白居易的《长恨歌》，我下次再去考它。”

她终于忍不住又笑了起来。

“请你答应当我的舞伴吧。”

“我……”

“不知道有没有会跳舞的母鱿鱼，也许我可以考虑邀它当舞伴。”

“好啦，我答应你。”她微微一笑，“话题跳来跳去，我都快晕了。”

看着她脸上淡淡的笑容，我忐忑不安的心终于恢复平静。

跟在水库旁与她重逢时的喜悦一样，此刻的我只想雀跃。

栀子花女孩啊，我真的喜欢你，我依然深深地这样觉得。

“你刚刚说烤鱿鱼跟圣诞舞会有关，为什么？”她问。

“因为圣诞舞会，所以想请你当我的舞伴，但我很紧张。因为紧张，所以想了这个烤鱿鱼的故事。”

“我根本看不出你会紧张。”

“你看我双腿。”我低下头，“现在应该是雀跃三尺，却动也不动。”

“你的腿怎么了吗？”她低头看了一眼。

“因为太紧张而导致双腿僵硬，几乎没有知觉。”

“其实你不用紧张，你可以邀别人呀。”

“车子必须要加油才能开，香烟必须要点火才能抽。”我说，“而我，必须要邀你当舞伴才愿意去圣诞舞会。”

“你又来了。”

"我们还是专心吃完这条智商奇高的鱿鱼吧。"

"嗯。"她又笑了。

找到自己的舞伴后，也得替学弟找舞伴。

这次旷男团成员有24个，比上次少，但想参加圣诞舞会的比上次多。

因为另外有8个学弟自己去邀请迎新露营时认识的女生当舞伴。

系上这届的学妹有6个，透过学妹的关系，又找到4个外系学妹。

然后诗雅贡献2个学妹、徐雅玲贡献3个、珊珊学姐贡献3个。

Jenny说我太晚找她帮忙了，她早就把女生介绍给别系的旷男团。

还剩下6个，就由萧文莹的学妹补足，这样刚好有24个女生。

接下来就是要训练学弟跳舞。

我、小伟和李君慧以及班上三个同学，每天晚上对学弟进行特训。

今年的学弟比较幸运，因为我可以扮演女生让他们练习。

"舞步依音乐节奏只分快舞和慢舞两种。"小伟说，"快舞跳Soul，慢舞很简单，只要搂着女孩的腰摇来摇去就好。"

这话听起来好熟悉，原来跟去年学长所说的一模一样。

24号当天下午，李君慧告诉我，系上有个学妹不去舞会了。

"为什么突然不去？"我大吃一惊，"这样就少一个女生了耶！"

"我也不知道。"他摇摇头。

这件事非同小可，因为一时之间根本找不到别的女生，只能想办法找在体育馆外看月亮的女生来凑数。

而且我今晚要去载栀子花女孩，如果我因为找女生而耽搁时间，她岂不是得在她宿舍的交谊厅内痴痴地等?

我赶紧冲去找那个系上学妹，问她为什么突然说不去。

“学长，很抱歉。”她说，“因为我吃素。”

“吃素？”我几乎大叫，“吃素跟不能参加舞会有关吗？”

“我是食衣住行素。”她说，“吃要全素，穿着要以素色为主，住的地方要简单朴素，走路时不可以翩翩起舞。”

“你是在舞会跳舞，又不是边走路边跳舞。”

“话是这么说没错，不过如果扩大解释的话，就是不可以跳舞。”

“你……”

“学长。”她说，“其实最关键的理由是，我得素颜。”

“素颜？”我很纳闷，“这跟舞会有关吗？”

“这是我第一次参加舞会，我想打扮得漂漂亮亮。”她说，“但我得素颜，不能化妆。可是我这张脸，如果不化妆的话能看吗？”

“嗯。”我竟然点头，“你说得对。”

“学长！”她大叫。

我看苗头不对，赶快闪人。

六点半在体育馆外集合时，小伟在原地陪着学弟妹等待进场，我要李君慧先去载萧文莹，而我则打算去找看月亮的女生。

“那你什么时候去载李白？”李君慧问。

“等找到第24个女生再说。”我转身跑开，“你快去载她！”

“记得要委婉一点啊！”小伟在我背后大叫。

没时间委婉了，我只能单刀直入问：“你想参加舞会吗？我们少一个女生。”

但找了几个在体育馆外落单的女生，结果都是在等另一半。

我越找越急、越急越慌，最后竟然说：“让女生等太可恶了，不如放他鸽子，跟我们一起进场。”

她们通常不想理我，但有一个女生还真的在考虑。

只不过当她犹豫时，她的舞伴就出现了。

只剩10分钟就要进场，我没有任何思考的时间，只想赶快找到女生。

可能是我太心急，导致眼力受损，就像社长常说的心理会影响生理。

“喂！我是男的！”一个我误以为是女生的男生大叫。

已经到最后关头了，我是饥不择问，看到女生就问。

“可是我们两个都没舞伴。”

总算找到两个女生，可是我们只缺一个，怎么会这么讽刺？

“你们哪位觉得自己比较漂亮的，就跟我走吧。”我说。

“那当然是我喽。”她们竟然异口同声。

然后她们吵了起来，越吵越大声，几乎快动手了。

我只好赶快溜掉。

在我快绝望时，突然发现有个女孩倚着树干仰望夜空。

“我只是在欣赏月色而已。”她说。

“都这个时候了，你还有矜持？”

“我真的是来看月亮的。”

“那好吧。”我转身就走，“请便。”

“喂！”她大叫一声，我不禁停下脚步，转过身。

“我看完月亮了。”她说。

天可怜见，我终于找到第24个女生了。

我带着看完月亮的女孩回去找小伟时已是7点10分，学弟妹正等着进场，而徐雅玲也出现了，陪在小伟身旁。

“你怎么也在？”我说，“我以为小伟会找别的女生当舞伴。”

“喂。”小伟说，“都这个时候了，你还有心思开玩笑？”

“那么这里交给你。”我转身便走，“我去载舞伴了。”

原本跟栀子花女孩约6点45，看样子会迟到40分钟。

她会担心？还是生气？会枯等？还是一走了之？

我虽然紧张，但更多的情绪是焦急和恐慌。

多希望这只是场噩梦，醒来时什么事都没发生，我准时在6点45抵达。

但很遗憾，这是残酷的现实，我无法逃脱。

我甚至完全没时间停下来思考待会儿要如何因应，只能尽快抵达，早一分是一分。

匆匆停好车，冲进宿舍的交谊厅，电视前的沙发只坐了一个女生。

那是栀子花女孩，她正在看电视，而且似乎很专注。

我呼出一口长长的气，全身突然放松，四肢也因而松软无力。

只剩20步的距离，我只能缓缓地、轻轻地，走向她。

直到停下脚步站在她身旁为止。

“这节目真的这么好看？”我说。

她转头看见我，笑了笑后说：“是呀。”

“抱歉。”我说，“我迟到了。”

“我知道呀。”

“你知道？”

“嗯。”她说，“你6点45没来，我就知道你迟到了。”

“有道理。”这问答有点无厘头，我忍不住笑了。

“好听吗？”她问。

“什么东西好听？”我很纳闷。

“我以为你也许找到一条会唱歌的鱿鱼，听得忘我，就忘了时间。”

“这次没有鱿鱼当借口了。”我脸颊发热，“很抱歉，因为我……”

“我知道呀。”她打断我。

“你又知道了？”

“这次是真的知道。”她笑了笑，“文莹已经先告诉我了。”

没想到要李君慧先来载萧文莹，竟然误打误撞帮了自己一个大忙。

“今晚这里似乎冷清多了。”我看了看四周。

“今晚是圣诞夜，大家几乎都出门去玩了。”

“真的很抱歉。让你等了这么久。”

“你再继续抱歉下去，我就等更久了。”

“抱……”我赶紧改口，“那我们走吧。”

“嗯。”她点点头，然后站起身。

她穿着一套纯白色连身长裙，感觉不太真实，像梦幻。

一袭白衫裹着洁白肤色的她，不仅凸显她典雅的气质，也很难不让人联想到栀子花。

我突然想到，令我有所感觉的女生，我立刻会选择特定的形容词，然后量化她是属于让我有百分之多少心仪的女生。

但我只能勉强将栀子花女孩归类为清秀，从来没有量化她。

甜美的珊珊学姐、标致的杨玉萱、可爱的Jenny、漂亮的张秀琪，我都曾量化她们令我心仪的程度。

除了对珊珊学姐没有遐想外，我对杨玉萱、Jenny和张秀琪，或多或少都存在着遐想。

当她还是伪栀子花女孩时，我也曾量化她，我记得是60%。

然而当伪栀子花女孩成为真正的栀子花女孩时，我根本无法量化她。

“你还要继续发呆吗？”

“抱歉。”我回过神。

“我这样穿，很奇怪吗？”

“不。”我说，“这样穿很好看。”

“谢谢。”她微微一笑。

我确实无法量化栀子花女孩，我只知道，我真的喜欢她。

虽然已经迟到了，但我并不急着赶路，甚至还放慢脚步。

因为我很想让全世界都看见她正跟我走在一起的样子。

“舞会有规定不可以穿外套吗？”她问。

“哪有这种规定。”我很纳闷，“为什么这么问？”

“现在天冷，我衣衫单薄，手里抱着外套，但你却没要我穿上外套。你是细心的人，而且很有良心，照理说一定会开口要我穿上外套。但你眼睁睁看着我受冻，却没有开口要我穿上外套。”她笑了笑，“所以我认为应该是不可以穿外套。这样的侧写功力OK吗？”

“啊？”我停下脚步，“赶快穿上外套。”

“我真的可以穿上外套吗？”她问。

“别玩了，快穿上吧。”

她边笑边把拿在手中的外套穿上，然后问：“你在想什么吗？”

“没什么。”我顿了顿，“只是觉得跟你并肩走着的感觉很好。”

“哦。”她说，“那我们继续往前走？还是先到操场走三圈？”

“先往前走吧。”我笑了笑，“回来后再到操场走三圈。”

我发现她的外套也是纯白色，没有一丝杂色，连扣子都是白色的。

“你是故意的？”

“对呀。”她笑了。

“这样很好看。”我也笑了。

“谢谢。”

“上车吧。”

抵达体育馆已是7点50，原本担心已不开放入场，还好只要有票，而且是一男一女，随时都可以入场。

“得牵着手进场。”我说。

“所以呢？”

“不好意思。”我说，“请把手借我。”

“好。”她笑了笑，伸出左手，“记得要还我哦。”

“一定。”我也笑了笑，牵着她的左手进场。

有了去年的经验，我要她先做好心理准备，以免被澎湃的音乐声吓到。

即使如此，她刚进场时还是受到惊吓。

因为我感觉手心一紧，应该是她左手突然用力抓住我右手的缘故。

可能是场内的气氛太热烈、人潮又拥挤，因此完全没有冬天的感觉，温度搞不好比室外高了10摄氏度。

我在场边找了张椅子，脱掉外套挂在椅背，然后要她也把外套脱掉，挂在我的外套上。

“你果然有先见之明。”

“怎么说？”

“昏暗的光线下，白色反而是最明显的颜色。”我说，“待会儿就不怕找不到外套了。”

“你忘了要我穿外套，但要我脱外套却很直接。”她说，“你一定是不喜欢我穿着外套。”

“别再糗我了。”我笑了笑，“我们跳舞吧。”

我的任务似乎已在邀舞伴时完成，她愿意当我舞伴，这就很够了。

至于舞会上要如何表现，我并不怎么在意，因此我只有一点点紧张。

虽然她是第一次参加大型舞会而且不会跳舞，但她似乎也不太紧张。

两个不太紧张的人凑在一起，舞会就成为单纯好玩又有趣的活动。

或许是我教舞经验丰富所以很会教；或许她是聪明的人所以学得快，总之她很快掌握Soul的舞步和节拍，试跳了几步，非常顺畅。

我们一连跳了两首快舞，感觉默契十足，好像是已经认识多年的老友。

其实干吗说好像，我从高二就认识她，至今超过两年半，说是已经认识多年的老友应该也不会太夸张。

两首快舞跳下来，身上开始流汗，原本想找个位置坐下来休息，但熟悉的音乐突然响起，是尾崎丰的《I Love You》。

“这是你喜欢的尾崎丰。”我伸出左手。

“是呀。”她把右手放上，我左手掌托住她的右手掌。

“为什么喜欢尾崎丰？”我右手轻靠着她的腰。

“我婶婶是日本人，她很喜欢尾崎丰。”她将左手搁在我右肩，“受她的影响，我也跟着喜欢。”

“你婶婶是日本人？”我很惊讶，“那你是混血儿啊。”

“你傻了吗？”她说，“我婶婶跟我又没有血缘关系。”

“没错。”我笑得有点尴尬，“我搞笑了。”

“我说过了，我不是混血。”她笑了，“我只是贫血。”

我也笑了起来，然后想起高中时的往事。

“真可惜。”她说，“才26岁，就这么突然死去。”

“嗯？”

“尾崎丰呀。”

“他才26岁？”我很惊讶。

“是呀。”她叹口气，“他低沉沙哑的嗓音真的很独特呢。”

“嗯。”我点点头，“当初练歌时，就觉得他的歌不好唱。”

“那次合唱比赛你们的队伍有个金色头发的女生，她是谁？”她问。

“她叫Jenny，外文系公关，是个混血儿。”

“原来是真的混血儿。”她笑了笑，“她长得很可爱呢。你说是吧？”

“呃……”我犹豫了一下，“应该算是吧。”

“是就是，有什么好犹豫的。”她问，“你们很熟吗？”

“呃……”我又开始犹豫，“有点熟，但不算太熟。”

“你是不是想换话题？”她问。

“如果可以的话。”

“好吧。”她说，“你去年也有参加这个圣诞舞会吗？”

“嗯。”我点点头。

“那你的舞伴是谁？”

“是个女生。”

“废话。”她笑了笑，“我是问你找谁当舞伴。”

“我没有找谁当舞伴，是学长找的。”

“那你的舞伴是个什么样的女孩？”

“呃……”

“你是不是又想换话题？”她问。

“可以的话最好。”

“好吧。”她说，“你是不是常常参加舞会？”

“不算常常。”我说，“但因为当公关，所以替系上办过几次。”

“舞会是不是都是在室内，然后光线暗暗的？”

“通常都是。”我说，“不过我们有次是在星夜下办露天舞会。”

“那次是什么情形？”她很好奇。

“那次是跟外校女生露营，因为星光灿烂便突发奇想办了场舞会。”

“哇，在星夜下跳舞，一定很浪漫吧？”

“呃……”

“音乐结束了。”她笑了笑，收回双手，“不必再换话题了。”

“啊。”我也收回双手，“我刚刚竟然没问你是否要跳这支慢舞。”

“舞都跳完了你才说。”她又笑了。

回想《I Love You》响起时，我左手托住她右手、右手轻靠着她的腰、她左手搁在我右肩，然后我们随着音乐缓缓舞动。

整个过程没有丝毫刻意，似乎是顺理成章、水到渠成。

一起走回场边时，慢舞旋律又响起，是《Endless love》。

“李同学。”我停下脚步，“可以请你跳这支舞吗？”

“嗯……”她也停下脚步，“我可以说不吗？”

“当然不行。”我伸出左手。

“那你还问。”她伸出右手。

我们又恢复慢舞舞姿，随着《Endless love》旋律轻轻舞动。

在跳《I Love You》时，随着她开启的话题，我依序想起Jenny、杨玉萱和张秀琪的眼神。

上大学后，因为跳慢舞，近距离看过一些女孩的眼神。

印象最深刻的，就是这三个女孩的眼神。

我不禁把她的眼神与那三个女孩相比，感觉她们的眼神都很像，但彼此之间又有些小差异。

她似乎还没想到新话题，而我正专注地看着她，因此我们都保持沉默。

这是进场后我们唯一没有交谈的时候。

近距离看着她的眼神，没有想象中应该要脸红心跳或是紧张的感觉，只觉得似曾相识。

不是那种在哪里见过但一时想不起来的似曾相识，而是她的眼神好像跟尘封在我潜意识里的某张图片一样。

这样说其实不精确，因为那张图片并没有具体的图案或样貌，所以我并不是拿着一张有具体样子的图片，去比对眼前的她。

这实在很抽象也很难解释，总之我比对的不是外观，而是“感觉”。

也就是说，那张图片给我的感觉，与她的眼神给我的感觉，很相似。

于是我便认为她的眼神跟尘封在我潜意识里的那张图片几乎一样。

“视线不可以移开。”我说。

“好。”她转回头，直视着我，“谁先移开视线谁就输。”

“没问题。”

“谁先笑谁也输。”

“但谁先哭谁就赢。”

她突然笑出声，随即止住，说：“这不算。重来。”

我决定重新比对这四个女孩的眼神，更专注、更仔细、更全面。

Jenny、杨玉萱和张秀琪的眼神给我的感觉，大致跟那张图片一样。

但某些部分感觉不太对，好像少了点什么。

“你没看着我。”她说，“你的眼珠一直往左下。”

“因为我在回忆。”我直视着她，“现在把眼睛放松，不要紧张。”

“你别想逗我笑。”

我没回答，专心比对她的眼神，就像刑警在比对杀人凶手的指纹。

“一模一样。”我说。

“嗯？”

“你就是杀人凶手。”

“呀？”

“就是你。”

“你到底在说什么？”

我潜意识里的那张图片，就像是童话故事里灰姑娘遗留下的玻璃鞋。

当Jenny、杨玉萱、张秀琪和栀子花女孩一一试穿后，我终于知道栀子花女孩就是我的灰姑娘。

音乐停了。

她原本想收回双手，但发现我没动作，刚离开的手便又放回。

凝视她十秒后，我才缓缓收回双手，她也跟着收回双手。

在那短短的十秒钟内，我再度确定了一件事。

天啊，我真的喜欢她，我深深地这样觉得。

“你刚刚说什么？”她很纳闷，“我完全不懂。”

“等舞会结束后，我再告诉你。”

“这么神秘？”

“不是神秘。”我说，“而是我想找个安静的地方，详细说给你听。”

“好。”她笑了笑，“要记得哦。”

“一定。”我也笑了笑。

再度确定了那件事后，我的心里很踏实，也很感恩。

在高中时就能遇见栀子花女孩，而且在别具意义的圣诞舞会里，她是我的舞伴，我真的觉得自己非常幸运。

我很珍惜与她共舞的时光，但心情很轻松，也不紧张。

于是兴致来了，就下场跳舞；累了就在场边坐着聊天。

在音乐声嘈杂的环境，常得圈着嘴靠近对方耳边说话。

只有在这个时候，我能感受到她吹气如兰，才会让我脸红心跳。

我们待了两个小时才离开，一走出体育馆，我立刻请她穿上外套。

“呦。”她笑了笑，“总算记得要我穿外套。”

“是啊。”我也笑了笑，“我送你回去。”

“不会再忘了什么了吧？”

“当然。”我很笃定，“走吧。”

因为圣诞夜的关系，很多树缠绕着白、黄、绿、蓝等各色灯泡，让原本已柔和美丽的夜景更增添几许璀璨。

这真是一个完美的夜晚啊，我在心里赞叹。

“到了。”我停下车，熄了火，转头说。

“你一定是嫌我胖。”她没下车。

“什么？”我愣了愣。

“这么冷的天气里跳了两个小时的舞应该会有点饿，而且沿路又闻到各种食物的香味，照理说会想吃点东西，但你竟然完全没问，而且不是忘了问，因为你刚刚说一定不会再忘了什么，可见你不想让我吃东西。你是很有良心的人，既然知道我肚子饿，却不想让我吃，所以你应该是觉得我胖，不希望我在深夜吃东西以免更胖。这样的侧写功力OK吗？”

没想到我竟然犯了跟去年一样的错——忘了请舞伴吃点东西。

其实我连晚餐也没吃，但因为心里觉得非常满足与踏实，我竟然完全没有饥饿的感觉，难怪社长常说心理会影响生理。

虽然我很羞愧，但我没说话，只是静静看着她。

她也是静静看着我，只是眼神带点疑惑。

“你在看什么？”过了一会儿，她终于忍不住问。

“请再等一会儿。”

“等什么？”

“等时间过去。”

“嗯？”

“这里是贵校后门，现在也许会有认识你的人出入。我们维持这样的状态越久，被认识你的人发现的概率就越高。如果她们看见，应该会说：李白在圣诞夜被男生载回来，但她在校门口不想下车，两人含情脉脉、难分难舍……”

“呀？”她想赶紧下车时，我轻按住她的肩膀。

“请坐好。”我笑了笑，“我要发动车子了。”

“你真的很白目。”

“抱歉。”我说，“今晚跟你在一起，我觉得很快乐，快乐到根本不会饿，所以就忘了问你要不要吃东西。”

“可是我饿了。”

“那么我带你去看看那些智商奇高的鱿鱼吧。”

“好呀。”她笑了。

我重新发动车子，载着她到了那家卖烤鱿鱼的摊位。

“天长地久有时尽。”我对鱿鱼说。

“你在干吗？”

“真可惜。”我说，“那条会背《长恨歌》的鱿鱼不见了，不然它一定会接：此恨绵绵无绝期。”

“你再瞎掰呀。”她笑了起来。

在炭火映照下，她白皙的脸庞泛起红晕，增添一丝妩媚。

吃完烤鱿鱼，我们又各喝了碗桂圆八宝粥，我才送她回宿舍。

“你不是说回来后要到操场走三圈？”在交谊厅门口，她问。

“两圈应该就够了。”

“因为你初次光顾，所以送你一圈。”她笑了笑，“就三圈吧。”

她带着我拐了一个弯，再直走一段路就到了操场。

我们沿着跑道顺时针方向前进，走了半圈都没看到任何人影。

“这里够安静了吧。”她说。

“嗯。”我说，“我记得要找个安静的地方，说给你听。”

“记得就好。”她笑了笑，“说吧。”

“你听过荣格这个人吗？”

“没听过。”她摇摇头。

“荣格是分析心理学的创始者。”我说，“他曾跟弗洛伊德共同创立国际精神分析学会，后来两人的学说产生分歧就决裂了。”

“哦。”她简单应了一声。

“荣格在分析人的集体潜意识时，发现无论男女，在潜意识中都会有异性的性格潜藏着。”

“什么是集体潜意识？”

“人的心灵包含意识和潜意识两大部分，而潜意识又分为个人潜意识与集体潜意识。个人潜意识包括个人种种情结；集体潜意识则包括人类历经世世代代的活动方式和经验所累积在潜意识的遗传痕迹，换句话说，就是人类共有的原型。”

“原型？”她问，“这表示不因人而异吗？”

“没错。”我点点头，“原型就是人类不分地域、种族与文化的共同象征。所以不管是白种人、黄种人、黑种人，都有相同的原型。”

“荣格曾经用小岛来比喻，露出水面的部分是人所能感知到的意识；由于涨潮退潮而露出来的部分，就是个人潜意识；而岛的最底层，始终隐藏在水面下的部分，就是集体潜意识。”我说，“因此集体潜意识虽然存在，却是我们一直都意识不到的东西。”

“原来你是想找个安静的地方，给我上心理学的课。”她笑了起来。

“我一直在努力找寻可以用来形容你的形容词，而且得是独一无二。如今总算找到了，只是你恐怕很难理解。”我说，“所以很抱歉，我得详细说明，这样你才会知道对我而言，你是独一无二。”

她听完后收起笑容，表情有些正经。

“准备好了吗？我要继续往下说了喔。”

“嗯。”她的表情更正经了。

“不懂的话就要发问。”我笑了笑，“我讲完后要考试。”

“你真的很白目。”她又笑了。

“刚刚说过，无论男女，在潜意识中都会有异性的性格潜藏着。男人潜意识中的女性性格，只有一个，叫阿尼玛（Anima）；女人潜意识中的男性性格，可以有好几个，叫阿尼姆斯（Animus）。”

“为什么阿尼玛只有一个，而阿尼姆斯却有好几个？”

“所以女人的心比较难以捉摸啊。”

“好像有道理。”她微微一笑。

“男人潜意识深处所潜藏着的女子形象，就是阿尼玛，而且每个男人的阿尼玛都不相同。男人会喜爱阿尼玛的特点，在遇到像阿尼玛的女人时，他会感受到非常强烈的吸引力。”

“嗯。”她点点头。

“你能理解很好。”我也点点头，“那我就继续说了。”

“请。”

“由于阿尼玛藏在无法意识到的集体潜意识里，因此男人根本不知道自己内心住着一个阿尼玛，当然更不会知道阿尼玛的样貌，事实上阿尼玛也没具体样貌。对男人来说，只有透过与女人交往的过程，阿尼玛才得以显现出来。”

“后面那段不懂。”

“从心理学的角度来说，当男人爱上女人或是对女人有所谓一见钟情的感觉时，可能是因为这个男人的阿尼玛很像那个女人，因此他将阿尼玛的形象投射在她身上。于是原本潜藏在男人潜意识深处没有具体样貌的阿尼玛，便因为她的出现，而有了具体样貌，成为一个真正的女人。”

她想了一下，然后说：“有点玄。”

“既然你说玄，那我用灵异的说法来比喻。”我笑了笑，“简单说，男人潜意识深处的阿尼玛就像魂魄，根本没有肉体。但是那个女人出现后，阿尼玛便附身在她身上，于是阿尼玛就有了肉体，最后她就变成了阿尼玛。”

“这样讲我就懂了。”她笑了笑。

“太好了。”我停下脚步。

“怎么了？”她问。

“刚好走了两圈。”我说，“所以我说两圈应该就够了。”

“你已经说完了？”

“其实我要说的只有一句话，但为了解释这句话需要走两圈。”

“哪句话？”

“我曾经迷惑过，总觉得不太确定。直到今晚，我才非常确定，而且再也没有比这个更确定的事了。”

“你确定什么？”

“你就是我的阿尼玛。”

Chapter 13

栀子花开

深夜的操场上，既没有人影，也几乎没有任何声响。

我觉得我把所有的话都讲完了，她是我的阿尼玛，这样就够了。

再没有任何话语可以补充或加强，也不需要。

因此我不再开口，她也因我的沉默或我刚刚的话语而沉默。

“手还我。”她先打破沉默。

“嗯？”

“舞会进场时，你向我借了左手。”她说，“现在还我。”

我愣了愣，然后伸出左手，她用右手轻轻握住我左手。

“还有一圈。”她笑了笑。

我们牵着手，继续沿着跑道顺时针方向，安静地前进。

“门禁时间快到了。”走完一圈后，她说，“回宿舍吧。”

“嗯。”我点点头。

我们直接走到宿舍楼梯口，然后她停下脚步，放开我左手。

她突然站直身体原地跳起，跳了几下。

“你在做什么？”我很纳闷。

“你不是说我被你的阿尼玛附身了吗？我以为我应该会飞天遁地了，没想到还是飞不起来。”她笑了笑，“我这样跳，很像僵尸吧。”

我静静看着她的笑容，她果然是有点白目。

“你是我的阿尼玛，你不会飞天，也不会遁地。但你会让我哭、让我笑、让我神魂颠倒。你有女神般的魅力，让我毫不考虑奉献一切；你也有女巫般的魔力，让我疯狂迷恋无可救药。你是我的潜意识里女性所有美好特质的投射，你也是我梦中情人的形象。”

我说完后，注视着她白皙脸颊上泛起的红。

“如果你不赶快说声晚安然后上楼睡觉，我还会说出更恶心的话。”

她愣了愣，微张着嘴却说不出话。

“你对我有致命的吸引力，你让我朝思暮想……”

“晚安。”她立刻说，说完后转身跑上楼。

“晚安。”我朝她的背影说。

回寝室后，我一个人爬上宿舍顶楼沉思，也想通了一些事。

对阿忠、小伟、李君慧而言，当他们初识林依琦、徐雅玲、萧文莹时，因为阿尼玛的作用，使得这三个女孩分别成为他们各自的阿尼玛。

我17岁初认识栀子花女孩时，应该也是将阿尼玛的形象投射在她身上，只是当时的我不知道而已。

新年快到了，原本打算约栀子花女孩一起跨年，但前社长突然来找我。

他约了放声大哭的女孩在今年最后一晚去看电影，要我也一起去。

“我不想当电灯泡。”我说。

“没关系。”他说，“她也会带一颗电灯泡。”

他说放声大哭的女孩要求得有旁人，她才肯跟他看电影。

我推辞了一会儿，但禁不住他再三恳求，只好勉强答应。

没想到放声大哭的女孩所带的电灯泡就是栀子花女孩。

由于我们没有因看电影而相遇的心理准备，因此都惊讶得说不出话。

本来我是心不甘情不愿去看这场电影，没想到却是个大大的惊喜。

而且如果可以跟栀子花女孩进一步交往，那么一起看场电影应该是必经的过程，我需要累积这种经验值。

第一眼见到放声大哭的女孩，只觉得她很普通，像擦肩而过的路人。

但前社长高中时每天放学后都会跑去她的校门口，只为了见她一面。

可见对前社长而言，她一定有强烈且不可抗拒的吸引力，最后甚至让他做了件蠢事，也因而被记一次警告。

我不禁联想，放声大哭的女孩或许就是前社长的阿尼玛吧。

“情人眼里出西施”这句话很有道理，也呼应了阿尼玛的作用。

每个男人的阿尼玛就是他的西施，但在别人眼里可能只是路人甲。

就像我觉得林依琦聒噪、徐雅玲太凶、萧文莹太酷，但在阿忠、小伟、李君慧的眼里，她们就是西施。

即使出现了张秀琪这个客观条件接近西施的女孩，他们也不会动摇。

进了电影院后，我们四个人的座位由左而右依次是：栀子花女孩、我、前社长、放声大哭的女孩。

“帮个忙。”我转头向左。

“嗯？”

“就当作只有我们两个人一起看这场电影。”

“好吧。”她微微一笑。

我把颈部向右转动的肌肉锁死，营造只有我和她一起看电影的氛围。

在电影放映前的预告时间，她拉了拉我左手衣袖，我不禁转过头。

“阿尼姆斯对女生的作用，是不是就像阿尼玛对男生的作用？”

“嗯。男生会迷恋他的阿尼玛，正如女生会迷恋她的阿尼姆斯。”

“但阿尼玛只有一个，而阿尼姆斯可以有好几个。是这样吗？”

“没错。”我点点头。

“如果女生对男生说：你是我的阿尼姆斯。虽然可以表示她迷恋他，但不能代表那男生是唯一？”

“勉强可以这么说。”我想了一下，“因为女人可能把阿尼姆斯的形象投射到一个或某几个男人身上。”

“哦。”她似乎很失望。

“怎么了？”

“当男生说：你是我的阿尼玛，就可以代表一切，也会让女生很感动。可是当女生说：你是我的阿尼姆斯，却还得加上‘之一’。”

“之一？”

“阿尼姆斯可以不止一个，所以只能表示他是她最喜欢的人之一。”

“没办法。”我笑了笑，“女生的心思确实比男生复杂。”

“不公平。”她说。

“所以那晚我说你是我的阿尼玛时，你很感动。”

“哪有。”

“你刚刚不是说，当男生说你是我的阿尼玛，女生会很感动？”

“呃……”她愣了一下，“那是对一般的女生而言。”

“没错，你不是一般的女生，你是我的阿尼玛，你是独一无二。”

“好啦，我承认。”她笑了笑，“是有一点点感动。”

“谢谢。”我也笑了。

“电影快开始了，我们不要再说话了。”

“看来你似乎还没有身为我的阿尼玛的自觉。”

“什么意思？”

“你是我的阿尼玛，即使你在电影放映时说话、乱叫、跑来跑去、甚至大声放屁，在我眼里，那些都是非常可爱的行为。”

“胡扯。”她笑了起来，随即止住笑，低声说，“嘘，电影开始了。”

我点点头，闭上嘴巴。

整个交谈的过程，我们一直都是压低音量而且捂着嘴巴。

就像用无线电通话一样，我讲话时，我捂着嘴巴靠近她的右耳；轮到她讲话时，她捂着嘴巴靠近我的左耳。

虽然放映过程中我们没有交谈，但她的声音仍会莫名其妙在耳边响起。

即使这家电影院的音响很好，也无法完全掩盖她的声音。

看完电影，我和前社长送她们回宿舍。

原本我和她应该扮演电灯泡的角色，但一走进交谊厅，我却觉得前社长和放声大哭的女孩才是电灯泡。

我和她悄悄离开他们10步，打算说些话再告别。

“新的一年快到了。”她说。

“是啊。”我附和。

今年我与栀子花女孩重逢、一起吃饭郊游、一起参加圣诞舞会，不再是只能站着看坐着的她，然后最多交谈两句。

因此这一年对我而言非常充实而美好，我舍不得送走它。

“虽然新年还没到，但还是先跟你说新年快乐。”她说。

“不要啦。”

“嗯？”

“喔，没事。”我说，“那我也先说新年快乐。”

“新的一年……”

“我们还是会见面。”她抢先说，然后笑了笑，“我上楼了。”

“我送你到楼梯口吧。”

“不用了。才几步路。”

“但我很想再看一次僵尸跳。”

“身为你的阿尼玛，我命令你忘掉那个画面。”

“遵命。”我陪着她走到楼梯口，果然只走了8步。

“晚安。”她转身上楼。

放声大哭的女孩也紧跟着上楼，经过我身旁时，她问：“还是情感浓度不足以成为爱情的友情吗？”

“嗯……”我想了一下，“或许吧。”

“那么加油吧。”她笑了笑，然后挥挥手说声Bye-bye。

“谢谢。”我也说声Bye-bye。

前社长说要请我吃夜宵，我们便回学校附近找了家面摊。

“谢谢你今晚肯跟我们看电影。”他说。

“不客气。”我说，“那么学长今晚很顺利吗？”

“不管顺不顺利，我以后都不会再跟她见面了。”

“啊？”我大吃一惊。

他的神色倒很自然，没有明显的情绪起伏。

“对高中时的我而言，她就是我的阿尼玛。”

“我猜也是。”

“第一眼看见她，脑中好像响了声闷雷，从此坠入情网，整颗心被她占据，根本无心念书。”他说，“我千方百计想接近她，才会做出那件蠢事，之后就没再看见她。直到今年圣诞夜，终于又见面。”

“学长是邀请她当圣诞舞会的舞伴吗？”

“嗯。不过她拒绝了。”他说，“可是我一点也不难过。”

“为什么？”

“已经四年没见，但我上礼拜看见她时，竟然完全没有特别的感觉。”

“怎么会这样？”

“四年前，她是我的阿尼玛，我深深为她着迷。四年后，对我而言，她却成了一个普通而平凡的女生。”

我看着他苦笑，惊讶得说不出话。

“我曾经跟你说过：人永远会有选择。但阿尼玛例外，因为内心深处总有一股神秘力量，引导我们去选择特定的女性，由不得我们。”

他说得没错，就像魔术师的选择一样，我们根本没有选择。

因为潜意识里的神秘力量，早已帮我们做好选择。

“四年前她是我的阿尼玛，而现在的我无法将阿尼玛的形象投射在她身上，这些都不是我的选择。”

“我还是搞不懂为什么会这样。”

“阿尼玛是男性内心的女性形象，在男子身上既不会呈现也永远不会消失。但随着男子心理成长，内在的阿尼玛也会从幼稚变成熟。”他说，“或许我现在潜意识里的阿尼玛形象跟四年前不同吧。”

“既然已经没感觉了，为什么学长今晚还约她看电影？”

“我只是完成高中时的心愿而已。”

“恭喜学长完成心愿。”

“谢谢。”他说，“你也该恭喜我变得比较正常。”

“不仅正常，而且学长刚刚的谈话也很专业呢。”

“自从被记一次警告且不再看见她后，我总觉得自己失魂落魄。现在这一切都过去了。”他看了看表，“可以跟你说声新年快乐了。”

“新年快乐。”我也说。

室友都出门去跨年了，只剩我一个人在寝室里思考人生。

当我们还是婴儿时，在外人感觉既非男性也非女性。

之后受到社会对男女的期望不同，才逐渐将我们塑造成男人和女人。

我们只成为自己的一半，另一半潜藏着，成为阿尼玛或阿尼姆斯。

于是每一个人都借由恋爱，寻找自己所遗失的另一半。

也就是说，男性在女性身上，寻找自己心中的阿尼玛。

阿尼玛是男人内在的女人、阿尼姆斯是女人内在的男人，因此依据荣格的理论，每个人其实都是和自己谈恋爱。

新的一年到了，这也意味着学期快结束了。

心理社本学期最后一次团体活动时间，几乎都是女社员说话。

工设一的学妹侃侃而谈她心中另一半的模样，我越听越皱眉。

从不迟到，但她常迟到却不生气；她感冒了，还是会用她的杯子喝水；有点害羞，却常为了她大声说出我爱你；永远微笑以对她的无理取闹；吃她吃剩的东西；随时可以放下一切只为陪她聊天……

“我很怕虫子，当我看到虫子大声尖叫，他也不会笑我。”学妹说。

我心想：那可能是因为他也怕啊。

“他说谎时会结巴……”

“所以他不结巴就表示说实话？”我忍不住插嘴。

“嗯？”她愣了愣，“逻辑上是这样没错。”

“那么他要骗你太容易了。”我说，“他只要故意用结巴的口吻说出几次无伤大雅而且容易拆穿的谎话，你就会知道他说谎时会结巴。等到他真正想说谎骗你时，就照平常讲话那样自然说出就行，反正你一定会认为那是实话。”

“这……”她张大嘴巴，说不出话。

直到团体活动时间结束，学妹的嘴巴才合拢。

“头脑清楚、言辞犀利，学弟你变得不太一样哦。”怡珊学姐说。

“经过圣诞和新年，到底发生什么事让你改变呢？”秀珊学姐说。

“过新年了不一起去跨年，那应该只会影响心情。”

“所以圣诞舞会一定有发生事情才会让你改变。”

“是不是跟你的舞伴告白了？”珊珊学姐异口同声。

“什么事都瞒不过学姐。”我叹口气。

我说起去年圣诞夜所发生的事，她们始终保持微笑倾听。

“你的阿尼玛对你有正面的影响。”怡珊学姐说。

“是吗？”

“所以你才会变得非常有自信呀。”秀珊学姐说。

或许是因为我找到阿尼玛，于是我变得完整，也因此更有自信。

期末考考完的那天晚上，我去找栀子花女孩。

“我们到操场走三圈吧。”她说。

天气很冷，空旷的操场上风很大，我们的双手插进各自的外套口袋里，顺时针绕着操场散步。我们几乎不交谈，顶多就是“很冷”“嗯”“真的很冷”“是啊”之类没有杀伤力的对话。

走完三圈后，脸部肌肉也冻得差不多了，我们再走回交谊厅。

“身为你的阿尼玛，我命令你放寒假时要好好过年。”

“遵命。”

寒假期间无所事事，我常常会想起栀子花女孩。

但比起去年寒假时的想念，今年寒假的想念温馨多了，而且还有期待。

我可以想念相处时的点滴，也知道很快就会见面，并且期待着。

我依照她的指示好好过年，而情人节就在大年初五，也算过年期间。

所以我只能装作不知道大年初五也刚好是西洋情人节这件事。

不过我还是会想起那张爱情留言卡上面的文字。

新学期到了，班上选干部的时候，我和李君慧坚持要告老还乡。

那天我患了重感冒，戴上口罩虚弱地说出：我快不行了。

也许同学看我可怜或是良心发现，便改选公关和康乐股长。

确定不用再当公关后，隔天感冒便不治而愈，只剩头还有点痛。

我等不及让头痛痊愈，吃了颗头痛药后，当晚便去找栀子花女孩。

我走进交谊厅，她还是坐在相同的位置，一切似乎都没有改变。

“为什么吃了头痛药之后，头还会痛呢？”我问。

“因为那个头痛药的副作用是偏头痛。”她回答。

“原来如此。”

“什么叫原来如此？”她说，“我这个答案对吗？”

“我回去看使用说明书就知道了。”

“嗯？”

“没事。”我说，“我今天来，只是想见你一面而已。”

“那么我们到操场走三圈吧。”她笑了笑。

她到底知不知道今年入冬以来最强的一波寒流就在今晚来袭？

她们学校的操场是一般常见的椭圆，长边刚好是东北、西南走向。

在空旷的操场顶着冷冽的东北风走路，不要说前进，连交谈都很困难。

如果是为了去救人或是送小孩去急诊，那无话可说，可是我们只是去散步啊。

逆着风走完一长边，绕到另一长边时，却是被狂风推着走。

我们的脚步有些踉跄，而且感觉只要双脚离地就会腾空飞起。

“我可以问你一个深奥的问题吗？”我终于忍不住开口。

“你一定想问我，为什么在这种天气还要到操场走三圈？”

“嗯。”我点点头，缩了缩脖子，“我想你一定有特别的理由。”

“没什么特别的理由。”她笑了笑，“因为我任性呀。”

“喔。”

“我很任性，你不讶异吗？”

“你是我的阿尼玛，即使你很任性，在我眼里依然是非常可爱的。”

“好吧。我老实说。”她说，“但你不可以笑我。”

“我现在只担心会飞起来，根本笑不出来。”

她从外套口袋抽出右手，然后伸向我，我便从外套口袋抽出左手。

她右手握住我左手，摆动了几下。

“在我人生的七千多个日子里，我有很多快乐的时光。七岁时第一次去动物园、十三岁时捧着第一朵栀子花闻香、十五岁时的中学毕业旅行、十八岁的暑假考上大学等，都是我非常难忘的快乐记忆。但如果让我选择的话，去年圣诞夜我们在操场散步应该是我最快乐的时光。我想永远留下那晚的快乐感觉，是那种真实的、活生生的感觉，而不只是曾经很快乐的记忆。我相信只要在这个操场散步，那种感觉就会一直存在，不会褪色，也不会变淡，更不会消失。”

我不知道潜意识里的神秘力量为什么会将阿尼玛投射在她身上。

我只知道我很喜欢她，深深的、深深的，深不可测。

我突然很想牵着她的手，然后双脚一起离开地面，看是否能腾空飞起。

如果真的飞起来了，那么飞到任何一个角落都可以，不落地也行。

“即使你从这个学校毕业，如果还在这个城市，甚至不在这个城市也无所谓，只要你愿意，我们就来这个操场走三圈。”

“真的吗？”

“嗯。以后我来找你时，不管要做什么，一定先来操场走三圈。”

“好。”她吸口气，“要逆风了。”

“嗯。我准备好了。”

我们紧握住对方的手，在逆风中缓缓前进。

从此以后，我每次去交谊厅找她，见面后总会先去操场走三圈。

如果是一起吃饭，饭后还会再去操场走三圈。

我不知道一直顺时针沿着操场走三圈是否有助于感情进展，但起码这样做会让身体更健康。

不用再当公关后，我变得比较清闲，更常参与心理社的活动。

心理社每学期都会举办侧写比赛，前几次我没参加，这次想去玩玩看。

为了避免社员刚好认识要观察的对象，所以通常是在校外找个地点。

社长选了学校附近公园的广场当作比赛地点，时间是周六下午一点。

以前都是珊珊学姐拿冠军，但她们还没有出现，应该又是姗姗来迟。

广场上的人不多，社长指定一个坐在椅子上看书的女孩为观察对象。

大家在离她20米远的树下仔细观察她十分钟后，便开始发表看法。

有人从她看的书和翻页的动作，推测她的背景；有人从她的穿着、发型和坐姿，推测她的性格；有人从她专注看书的模样，推测她的心理状态。

但她只是安静地坐着，除了手指偶尔翻页外，几乎没有多余的动作。

而且她也没起身或跟人聊天，所以根本看不出谈吐、举止和表情。

这题实在太难，大家只能瞎猜，社长正想换个观察对象时，我开口了。

“从她所处的环境和四肢的摆放，我推测她应该姓杨。”

“你说什么？”社长几乎大叫。

“她身旁有棵树，得‘木’。太阳高挂在她头上，得‘日’。她坐在长椅上，得‘一’。右手自然垂下，左手曲肘捧着书，得‘勹’。双腿向前伸直，脚跟着地，可以得两个‘丿’。”我边说边比画，“组合起来，就是‘杨’。”

“这不是侧写。”社长说，“这是瞎掰。”

“我是根据人体象形文字学来推测，这是侧写的最高奥义。”我说，“不信的话，可以去问那个女孩是否姓杨。”

有个社员跑去问她，只见她手中书本滑落、弹起身，一脸惊讶。

“……”社长则是张大嘴巴，说不出话。

社长不是白痴，根本不会相信可以经由侧写得知一个人的姓氏。

或许他觉得这只是巧合，但他还是宣布我是这次侧写比赛的冠军。

比赛结束大伙儿都走光后，我走到坐在长椅上看书的女孩身旁。

“嗨，杨玉萱。”我笑了笑。

她抬起头，手中的书本再次滑落。

“这本书被你丢在地上两次了。”我弯腰捡起书本，递给她。

“谢谢。”她伸手接过，问，“你怎么会在这里？”

“我也想问你相同的问题。”

我简单说起侧写比赛的经过，她则说她吃完午饭后买了本书，经过这座公园时，觉得初春中午的气候很舒适，便坐下来看书。

“好久不见了，近来可好？”我问。

“你这次终于觉得可以算是好久不见了。”她笑了起来。

俯视着她，很容易让我联想起高中时跟栀子花女孩相遇的情景。

但毕竟她不是栀子花女孩，我便在她身旁坐了下来。

大概有四个月没见，我们简单说起彼此在这段日子所发生的事。

不过我们似乎很有默契，都跳过圣诞时节那一小段。

这其实很怪，就像当你叙述你的寒假生活时，竟然跳过春节。

说完彼此别后的日子，我们几乎有一分钟同时沉默，气氛有些诡异。

“你参加去年的圣诞舞会了吗？”她终于先开口。

“嗯。”我点点头，“你呢。”

“我没去。”她摇摇头。

“喔。”我莫名其妙觉得尴尬。

“你的舞伴是什么样的女孩？”

“嗯……”我想了一下。

“抱歉。”她说，“如果很唐突，请你不用回答。”

“不是这样的。”我说，“我只是不知道该如何形容她而已。”

“简单说就好。”她笑了笑，“我只是好奇。”

虽然轻描淡写，我还是说出高中遇见她然后分离最后又重逢的过程。

“看来你们应该是注定要在一起。”

“呃……”我又觉得尴尬，“或许吧。”

“我还是要谢谢你带给我第一次参加舞会的美好回忆。”她笑了笑，“我只要回忆起那晚，就会感到非常非常满足呢。”

“杨玉萱。”

“嗯？”

“为什么你还这么年轻，却已经要靠过去的美好回忆来让自己感到满足呢？”

她睁大眼睛看着我，眼神充满疑惑。

“如果我们七老八十，确实要靠过去的美好回忆来让自己满足。但你才二十岁，你随时会有新的美好记忆，也许下个月，也许下星期，甚至是明天，在你身上都很有可能发生美好的事值得你将来回忆。你不该只满足于我那晚带给你的美好回忆，你应该要求更多更多，因为你值得更多、也绝对会有更多美好的回忆。”

她听完后愣了愣，随即笑了起来，而且是很开心的笑容。

“蔡修齐。”她笑说，“我真的会记得你耶。”

“我也会记得你叫杨玉萱。”我也笑了，“不是因为我弄破你的裙子良心不安以致一辈子记得，也不是因为你送我的钥匙圈我一直带在身上于是才记得，而是因为你是一个很好的女孩，所以我会记得。”

“那就多谢你了。”

“应该是我要谢你。”我笑了笑，“能够记得你，是我的荣幸。”

我们又开始闲聊，但这次并没有像圣诞舞会那种必须避开的地雷。

“差点忘了。”她看了看表，站起身，“我得走了，跟朋友有约。”

“那就下次再聊了。”我也站起身。

“你真的把我送你的钥匙圈带在身上？”

“当然。”我从口袋掏出那只金牛，在手上把玩一会儿，“这个钥匙圈不但好看，而且机车郊游时也很实用。”

“机车郊游时很实用？”她很纳闷。

“下次再详细告诉你。”

“好，那就下次。”她挥挥手，“记得哦。”

“我会记得。”我也挥挥手。

目送杨玉萱离开的背影，正打算也转身离开时，竟然看见珊珊学姐。

“学姐怎么这时候才来？”我很讶异，“侧写比赛早就结束了。”

“我们到了好一阵子了。”怡珊学姐说，“只是在观察你跟她而已。”

“跟那位终于忍不住还是打喷嚏的女孩说清楚了吧？”秀珊学姐问。

“算是吧。”我叹口气。

“怎么了？”珊珊学姐问。

“我只是觉得疑惑。”我说，“为什么她会有点喜欢我？”

“你想想看，狗为什么对你狂吠，是因为它是疯狗？”怡珊学姐说，“还是因为你身上有屎？”

“学姐的意思是……”我忍不住笑了，“我身上有屎？”

“我们这年纪的男女，被异性身上某些特质所吸引，是很正常的事。”秀珊学姐说，“你身上应该有某种特质吸引她。”

“什么特质？”我问。

“我刚刚仔细观察你和她之间的互动，发现你身上有一种特质。”怡珊学姐说，“这种特质通常用来形容女性，叫文静。”

“文静？”

“嗯。”秀珊学姐说，“或许用来形容男生并不恰当，但你身上的这种特质，确实很像文静。”

我仔细思考学姐的话，或许正如我被她的文静典雅特质所吸引一样，她也因我的文静特质而被吸引。

4月初是我认识栀子花女孩满三年的日子，我去找她一起吃饭。

她说满三年值得庆祝，提议多走两圈，总共要走操场五圈。

“我一定要想办法让你有新的快乐感觉。”

“为什么？”

“将来我们认识三十年时，得走操场几圈？”我笑了笑，“那时恐怕我们都走不动了。所以一定要想办法找出新的快乐感觉啊。”

“嗯。”她点点头、笑了笑。

期中考过后，心理社打算在4月下旬举办心理周活动。

我和珊珊学姐正讨论活动的项目和细节时，有个男社员跑过来大叫：“排球场上有个大正妹，很多人都跑去看了，我们快去占位！”

“喂。”我说，“是讨论心理周的活动重要？还是看正妹重要？”

“看正妹重要。”珊珊学姐竟然说。

说完后，她们便拉着我到排球场。

原来今年大外杯在本校举行，很多大学的外文系学生都来本校参赛。

比赛的项目很多，主要是各种球类。

排球场上闹哄哄的，观众一面倒为正妹所在的球队加油。

如果有人带你去看人群中的某个正妹，但并没有指出正妹的位置，你应该会先问：正妹在哪里？

但当我们到排球场占好位后，根本不需要旁人指出正妹在哪里，我们只看一眼就知道谁是正妹。

好几个月没见，一看见张秀琪还是惊艳不已。

人要衣装这句话固然没错，但衣要人装却更有道理。

虽然有一群女孩穿着同样的衣服，但她身上的衣服看起来却最亮眼。

只不过是白底滚红边的长袖上衣搭配淡蓝色长裤的朴素款式，但这套运动服在她的衬托下，却像是出自国际服装设计大师的手笔。

我注视着她在场上的动作，单纯的双手托球看起来却异常优雅。

不禁回想起初识她时她展现出的细心体贴，还有去年12月的露营中，星夜下的舞会、虹吸壶煮出来的香醇咖啡、回程车上的对话。

可能是因为她太漂亮的缘故，明明这些记忆都是真实的存在，却染上一些梦幻的色彩，使得所有的回忆感觉如幻似真。

今年刚来临时，我收到她寄来亲手绘制的新年贺卡。

我也因此收集到她的第三个Helen签名。

卡片上除了谢谢我的辛劳以及祝我新年快乐外，最后还补上一句：

“在车上忘了提到你的另一项特质：细心体贴。”

我突然想起小伟在露营时说过，他无法体会出张秀琪的细心体贴。

那么可以体会出她细心体贴的我，是否也同样是细心体贴？

而我和她是否因为这种共同的特质而互相吸引？

“既然认识她，比赛结束后记得去打个招呼。”怡珊学姐说。

“啊？”我回过神，“学姐知道我认识她？”

“套句前社长说过的话：眼珠往左下表示正在回忆。”秀珊学姐说，“你刚刚的眼珠一直往左下。”

“是吗？”我眼珠转了转，感到一丝晕眩。

“说来听听。”珊珊学姐异口同声。

我说起认识张秀琪的经过，包括她回程时在车上所说的话。

“学弟。”怡珊学姐说，“你果然变成熟了。”

“学姐为什么这么说？”

“随着男人心理成长，阿尼玛可以有四个阶层，第一阶层反映男人对女性原始的欲望，第二阶层反映男人对美的追求。”秀珊学姐说。

“这就是男人容易迷恋女性的肉体和美貌的原因。”怡珊学姐笑了笑。

“但你并没有因为她的美貌而把阿尼玛形象投射在她身上，可见你的阿尼玛可能已经超越第二阶层了。”秀珊学姐说。

我还想再追问时，球场上一阵骚动，比赛结束了。

张秀琪的球队应该是输了，因为对手正欢呼和相互拥抱。

我看见她面带微笑拍拍队友肩膀，似乎鼓励队友别丧气。

正准备走向她打个招呼时，发现已有三个男生站在她身旁。

如果我再走过去，凑成四个人就可以打麻将了。

进也不是、退也不是，我只能呆站着。

好不容易那三个男生知难而退，但她的队友随即簇拥着她。

在前去打扰与退等良机之间犹豫时，她似乎看见我了，朝我挥挥手。

我立刻走向她，她也走向我，我们相遇在中途。

“好久不见。”我们几乎异口同声。

简单寒暄几句后，她说她和同学住朋友家，今天是来本校的第二天。

“待会儿有空吗？”我问。

“要跟同学喝杯饮料，然后逛逛贵校。”她说。

“晚餐呢？”

“跟Jenny约好了一起吃晚餐。”

“明天还有比赛吗？”

“输了这场四强赛后，明早八点半比赛，争第三名。”

“那你今晚好好休息。”我笑了笑，“我明天再来帮你加油。”

“你真的是个细心体贴的人。”她说。

“为什么突然这么说？”

“你想尽地主之谊，但不想让我为难。而且考虑到我明早还有比赛，今晚也不想打扰我。”她笑了笑，“宁可明早逃课来看我打球。”

“你怎么知道我明天早上有课？”

“我猜的。”她问，“猜对了吗？”

“算你猜对。”我说，“不过我本来就打算明早要逃课。”

“你明早原本有事吗？”

“没有。”

“既然没事，为什么你本来就打算要逃课呢？”

“这……”

“你就承认自己是个细心体贴的男孩吧，这是你的特质。”

“这好像是我对你说过的话耶。”

“是呀。”她笑了笑，“那时我有坦白承认哦。”

“好吧，我也承认。”我也笑了，“不要跟别人说喔。”

“蔡修齐。”

“嗯？”

“你就像暮春午后四点的微风，很温和，让人神清气爽。”

“那你就像仲春时节所有绽放的艳丽花朵加起来的总和。”

“谢谢。”她笑了起来，“你的特质还得加上一项：很会说话。”

“哪里。”我也笑了，“我只是实话实说。”

笑声停止后，我们很有默契同时保持沉默，但并非无话可说，而是只想单纯享受暮春午后四点的微风，拂过脸颊的清爽。

“去吧。”我先开口，“你同学已经等了好一会儿了。”

“好。”她点点头，“那么明早见喽。”

“记得今晚要早点休息。”

“我会的。”她挥挥手，转身离开。

我看着她融入群体，即使穿着同样衣服，她的背影依旧与众不同。

“根据她挥手时的角度，你果然是细心体贴。”怡珊学姐说。

“挥手时的角度？”我很惊讶，“这未免太……”

“我们只是竖起耳朵，不小心听到而已。”秀珊学姐笑了笑。

“吓我一跳。我还以为学姐很神呢。”

“先知道结果，再找些理由来解释，这是侧写的最高奥义。”

“你也是因为这样才会拿到这次侧写比赛的冠军，不是吗？”

“原来学姐知道啊。”

我们三人同时笑了起来，然后回去继续讨论心理周的活动。

隔天早上，我逃课去帮张秀琪加油，结果她们球队赢了。

她们在场上又叫又跳，我从未看过她如此兴奋。

她看到我时还吐了吐舌头，而我只是站在原地拍手微笑。
等她们亢奋的情绪逐渐恢复平淡后，我再走向她。

“待会儿有空吗？”我问。
“等一下有颁奖典礼。”她说。
“午餐呢？”
“跟同学去吃庆功宴。”
“下午坐几点的车回高雄？”
“两点半的火车。”
“那……”我笑了笑，“我还是去上课好了。”

“不好意思。让你逃课了。”
“千万别这么说。你难得来我们学校，帮你加油是应该的。”
“那就下次再见了。”她说，“虽然不知道下次是什么时候。”
“也许是你成为国际巨星那天，我去参加你的电影首映会。”
“你说笑了。”她笑了笑，“我只会成为一个平凡的女生。”
“坦白说，我很难想象你成为平凡人的样子。”
有别于刚刚欢乐的气氛，此时的气氛有些惆怅。

“那……”她拉长尾音，似乎不知道该怎么做ending。
“不然就下个月再见。”
“呀？”她很惊讶，“下个月？”
“虽然我们都不是公关了，但我们两个班还是可以联谊啊。”
“对呀。”她很高兴，“不过不要露营，你们守夜太累了。”
“我也觉得不要露营，不然你还得带那组器具，太麻烦了。”
我们相视而笑，离别的气氛突然变得很淡。

“那就下个月再见喽。”

“嗯。”我说，“恭喜你们得到第三名。”

“谢谢。”她挥挥手，“赶快去上课吧。”

“好。”我也挥挥手，然后转身离开。

其实我早上只有两节课，当她们的比赛结束时，我的课也结束了。

我没有回寝室，一个人骑车出去逛逛，然后停在一家唱片行门口。

我在店里闲晃，发现尾崎丰的单曲专辑——《Oh My Little Girl》。

没想到尾崎丰死后两年，这张CD才上市。

我没再多想，立刻掏钱买下。

栀子花女孩的生日快到了，原本打算送她当生日礼物，不过随即想起，如果她很喜欢尾崎丰，那么应该已经买了这张CD。

我决定拆开CD的包装，至于生日礼物要送什么，那就再想想吧。

刚开始聆听这首歌，便觉得他的歌声虽然低沉沙哑，却充满力量。

他唱得深邃动人，即使没看见他的脸，也能想象他演唱时的深情。

我越听越能感受到他歌声中的魔力，听完后竟然浑身起了鸡皮疙瘩。

我常常听这首歌，后来我还去图书馆借了一本日文教科书，打算在歌词上加注罗马拼音方便跟着唱。

心理周的活动大致敲定，珊珊学姐要我跟着她们负责塔罗牌。

“塔罗牌？”我很纳闷，“学姐把心理社当占卜社吗？”

“从心理学的角度，不应该叫占卜，应该叫读牌。”怡珊学姐说，“荣格可是认为塔罗牌能帮助我们解读人的集体潜意识呢。”

“有些心理学家甚至把塔罗牌应用在心理咨询哦。”秀珊学姐说。

我只好连续几天接受学姐的塔罗牌特训。

心理周到了，我和珊珊学姐轮流顾着塔罗牌摊位。

学姐很白目，还在桌前贴了张白纸，上面写着：铁口直断。

这让我感觉我好像是在夜市摆摊的算命先生。

来光顾的学生几乎都是女生，而且问题大部分与爱情有关。

就像现在坐在我面前的女生，她抽到的牌是12号倒吊人。

“我的问题是……”她说，“不管我变什么，他是否依然爱我？”

“什么叫变什么？”

“比方我可能会变丑、变老、变胖，等等。”

“他有可能会是同性恋吗？”

“嗯？”她愣了一下，然后说，“当然不可能呀。”

“那就麻烦了。”

“为什么？”

“如果你变性，那么要他依然爱你的话，他就只能是同性恋了。”

“这……”她站起身，往后退了几步，然后转身掩面离开。

“胡说八道。”珊珊学姐听完我的叙述后，同时敲了一下我的头。

“我当然可以说，如果你是他的阿尼玛，那么不管你变什么，他依然会爱你。”我摸摸被敲痛的头，“可是这样的话，我得解释什么是阿尼玛，而且要解释阿尼玛还得去操场走两圈。”

“去操场走两圈？”怡珊学姐问。

我说起为了向栀子花女孩解释阿尼玛是什么，在操场走了两圈的细节。

“听起来这女孩似乎很不错。”秀珊学姐说。

“对了，学姐。”我问，“你们还没看过栀子花女孩，想看她吗？”

“你喜欢你看80分、别人看100分的女生？”怡珊学姐问，“还是你看100分、别人看80分的女生？”

“对我来说，当然是我看100分、别人看80分的女生。”

“那么如果我们觉得她不如排球场上的大正妹、可爱的金发混血妞、忍不住打喷嚏的女孩时，你该怎么办？”秀珊学姐问。

“这……”

“干吗还犹豫？”怡珊学姐说，“她是你的阿尼玛，是你的另一半。别人怎么看根本不重要，重点是你自己怎么看呀。”

“没错。”我点点头。

“在你眼里，你的阿尼玛就是100分，不管她变什么，依然是100分。”秀珊学姐意味深长地看着我，“除非是你变了，她才不会是100分。”

“学姐。”我很笃定，“我不会变。”

“乖。”珊珊学姐同时摸摸我的头，“这样就对了。”

心理周的活动结束了，我收拾好摊位准备回寝室。

明天是礼拜天，也是5月的第一天，那么5月8号也是礼拜天。

在礼拜天过生日很棒，只要她不回台中的话，可以庆祝一整天。

这是满20岁的生日，得想想该怎么庆祝，也得想想要送什么礼物。

等等，5月8号是礼拜天？那不就是5月的第二个礼拜天？

天啊！那是母亲节耶！

她的生日竟然遇上母亲节，那么她一定会选择过母亲节。

正感到沮丧和扼腕时，背后突然被某样东西抵住。

“要钱还是要命？”她问。

“单选还是复选？”我回过头，看见Jenny。

“Oh，Jack。”她收回食指，笑了起来，“你总是那么funny。”

“Hi，Jenny。”我笑了笑，“好久不见。”

“确实是好久不见了，你有没有很想我？”

虽然她是开玩笑，但这种问题还是不能乱回答，我只好干笑两声。

“你刚刚在想什么？”

“只是想到母亲节而已。”我问，“你母亲在台湾吗？”

“我母亲……”她抬起头看着天空，“现在应该在天上吧。”

“啊？”我觉得很尴尬，“抱歉。我不知道你母亲已经过世了。”

“别乱讲。”她说，“我母亲活得好好的。”

“你不是说你母亲在天上？”

“我母亲要从美国来看我，现在应该是在飞机上。”她笑了起来，“所以她在天上没错呀。”

“你……”

“Jack。”她越笑越开心，“我就是喜欢逗你。”

不管多久没见，Jenny依然是古灵精怪，而且白目。

“大外杯的比赛为什么只帮秀琪加油，不帮我加油？”

“你也有比赛吗？”

“有呀。”她说，“我参加女篮，在体育馆内比赛。”

“难怪。”

“难怪什么？”

“那天经过体育馆，看见一堆男生在门口挤不进去，嘴里不断哭喊：让我进去帮Jenny加油吧！我好想看超级可爱的Jenny！拜托啊！”我笑了笑，“原来他们口中的Jenny就是你。”

“瞎掰。”她说。

“不信的话，你可以去看看体育馆门口，有人写上：ask the world，what is love。”

“什么意思？”

“问世间，情是何物。”

“最好是这样。”她咯咯笑了起来，“我待会儿就去看。”

“那我只好马上去写。”我也笑了起来。

“去年这时候，我们正为了合唱比赛而练习。”笑声停止后，她说。

“嗯。”我说，“没想到我们认识一年了。”

“是一年两个月才对。”她立刻纠正，“合唱比赛前两个月，你来找我们班联谊，那才是我们第一次见面。”

“没错。”

我不禁回想起第一眼看见她时，金黄小波浪卷长发令我印象深刻。

“其实你人真的不错。”她说。

“这么明显的事，你竟然到现在才看出来？”我笑了笑。

“我第一次看见你就这么觉得。”她说，“那时你只想为班上办联谊，眼神尽是渴望，让我感受到热情……”

“热情？”我吃了一惊，不自觉打断她。

“对呀，就像你不要合唱比赛的奖杯，因为你只想把班上的活动办好，其他根本不重要，这就是一种无私的热情呀。”她说，“所以你才会说出不能因为私人因素而影响系上活动这种话，我可是很欣赏呢。”

如果要我形容自己的特质，我绝不会用热情这种字眼。

我也许会用负责或认真来形容，但在她的眼里，我这种特质就叫热情。

没想到我欣赏她的热情特质，她竟然也欣赏我的热情。

正如我和杨玉萱因文静特质、我和张秀琪因细心体贴而互相吸引一样，我和Jenny也因共有的热情特质而互相吸引。

"Jack。"她叹口气，"难道我们真的无话可说了吗？"

"喂，不要说这么奇怪的话。"

"不然你就找一些话来讲嘛。"

"嗯……"我想了一下，但一时之间不知道该说什么。

"还是你不想说话，只想吻我？"

"喂！"我脸颊瞬间发烫。

"我真的很喜欢逗你，这会让我很开心。"她笑了起来。

"那我会不会让你哭？"

"不会呀。你总是让我笑。"她说，"即使去年圣诞舞会你没邀请我当舞伴，我也只是很失望再加上有一点点生气而已。"

"所以我还差一点点。"

"差一点点？"

"因为女孩总是喜欢会让她们哭的男孩。"

"哭？"

"对你而言，山珍海味才是正餐，而清粥小菜只是点心。你一定可以找到某个会让你哭的山珍海味，当你们相遇时，你心里会出现声音告诉你：就是他。他会让你觉得终于找到自己内心深处遗失许久的那部分，于是你会变得完整。"我笑了笑，"而我，只要专心扮演会让你笑的清粥小菜就可以了。"

她静静看着我，我从未见过她如此安静，她似乎是看得出神了。

"Jenny？"我叫了她一声，并轻轻摇一下她的肩膀。

"抱歉。"她回过神，"我刚刚入定了。"

"入定？"

"嗯。"她点点头，"以后别叫我Jenny，请叫我Jennifer。"

“你说什么？”

“我顿悟了。”她笑了笑，“我已放下对你的执着，终于成佛了。”

“那你什么时候会放下白目呢？”

我们相视而笑，而且越笑越开心。

“这学期我们两个班找个时间出去玩吧。”笑声停止后，她说。

“本校外文系女生应该不会想跟水利系男生出去玩。”

“我们偶尔想作践自己不行吗？”

“喂。”

“好了，我该走了。”她说，“记得要跟你们班公关说哦。”

“我知道了。”我说，“Bye-bye，Jennifer。”

“Bye-bye，清粥小菜。”

我们又笑了起来，然后她挥挥手离开了。

我回到寝室，继续烦恼怎么帮栀子花女孩庆生以及送她什么礼物。

认识三年多，我还没送过她任何东西，得趁这个机会好好表现。

左思右想，决定在母亲节前一天送她生日礼物。

至于要送什么，明天下午出去逛逛街再说。

晚上打电话给栀子花女孩，她一接听电话就说：“真巧。我正想找你。”

“有事吗？”

“明天下午陪我去一个地方。”

“没问题。”

“你不问我是什么地方吗？”

“这问题很重要吗？”我笑了笑。

“好。”她也笑了，“那么明天见。”

第二天我骑机车载她去车站，停好机车后陪着她等车。

车子来了，我看了一下目的地，是这个城市邻近的乡镇。

打算排队上车时，她拉了拉我衣袖，我停下脚步。

“我先上车。”她说，“你最少要再等15个人上车后再上车。”

我很纳闷，正想开口询问，她却说声待会儿见便继续往前准备上车。

我只好先离开队伍，在原地算了16个人后，才走进排队的队伍。

上车后发现只剩零星座位，看见她坐在公交车左后方时我恍然大悟。

我走到她面前，右转身面对车窗，然后举起右手拉住吊环。

她的视线原本30度向下，感觉到我站在她面前时，她抬起头。

“袋子。”她微微一笑，伸出右手。

我假装左手提了个袋子，将左手伸向她。

她也假装把袋子直放地上用双膝夹住，再伸出右手说：“书包。”

我左手举高至左肩拿下不存在的书包，伸长左手递给她。

她双手接过不存在的书包，端正平放在双腿上。

“谢谢。”她说。

我笑了起来，高中时的所有回忆也一并回来。

车子动了，我们很有默契都不再开口，就像高中时的相处模式。

但我偶尔会偷瞄她，我猜她应该也会偷瞄我。

除了不再穿高中制服、不再戴银色金属框眼镜、头发长了些外，她的样子几乎没有改变，顶多就是少了些青涩。

她突然抬起头与我四目相对，我们相视而笑后，再缓缓移开视线。

异常白皙的肤色、淡褐色的瞳孔、深邃的眼神和双颊的粉红依旧。

虽然她不是混血儿，但她一定是我的阿尼玛，这点毋庸置疑。

车子开始减速，似乎快靠站了。

“栀子花开了。”她从上衣口袋拿出一片白色花瓣。

“没想到又到了这个季节。”

“时间过得真快。”

“是啊。”我说，“不知不觉已认识三年多了。”

“下车小心。”

刚闪过“我要下车了吗”与“难道你不下车吗”这两个疑问时，她突然站起身，拉着我左手，走向公交车前门，在车停后下车。

“就这个部分最难。”她笑了笑，“因为我也得一起下车。”

我笑了起来，没想到她还是遵循以前下车时只聊两句的惯例。

而且这句“下车小心”听起来依旧如朝阳般温暖。

这里是很典型的农业乡镇，空气中充满泥土的味道。

沿着道路走10分钟后，右转进一条乡间小路，不远处有个小山坡。

走近那个小山坡时，阵阵浓郁的花香扑鼻而来。

原来有一整排矮栀子丛，洁白油绿地挺立在稻田旁，悠然自得。

洁白的花朵像冰肌雪肤，油绿的叶子丰厚扎实。

我们找个地方坐了下来，在和煦的阳光下，赏花闻香。

栀子花的花形优雅、香气浓烈，正如她的文静典雅和热情特质。

“你怎么知道这个地方？”我问。

“我四处去打听。”她笑了笑，“刚好班上有个同学的老家就在这里，她说这个小山坡上的栀子花开得很漂亮。”

我突然醒悟，不管是在公交车上让我回味高中时的美好记忆，还是坐在这里赏花闻香，她一定花了很多细腻的心思。

她果然是善解人意、细心体贴。

“很抱歉。”

“干吗突然说抱歉？”

“下礼拜天是你生日，但你一定回家过母亲节。我没办法帮你庆生，而且认识你至今经历了三个情人节，也从没送过你任何礼物……”

“其实你早已送过我情人节礼物了。”

“哪有？”我大吃一惊，“我怎么不知道？”

“接下来是重头戏。”她站起身。

“嗯？”我很纳闷，也跟着站起身。

“你从那里走来……”她指着20米外的树，“我从这里开始走。当我们擦肩而过时，你要表现出又惊又喜的样子。明白了吗？”

“明白什么？”

“去站在那里就对了。”她推了推我，“等我点头后，就开始走。”

我一头雾水，但还是听从她的话，走到那棵树下。

当她点头后，我们朝着对方走去。

擦肩而过时，我试着做出又惊又喜的表情。

“花好美哦。”她说。

“什么？”我停下脚步。

“哎呀，你不能说话啦。”她说，“再来一次。”

我走回那棵树下，等她点头后，朝着她走去。

擦肩而过时，我再做出又惊又喜的表情。

“花好美哦。”她说。

我没有任何反应，继续往前走。

“喂。”她叫住我，“你应该要停下脚步呀。”

“可以跟我解释现在是什么情形吗？”

“剧情是这样的。”她说，“我们本来认识，但已经多年不见，所以擦肩而过时，你才会又惊又喜。”

“那我应该会叫你啊，为什么我不能说话？”

“因为你不知道我的名字。”

“我还是可以说天啊或好巧之类的话。”

“不。”她摇摇头，“因为你并不期待多年后的我还认识你。”

“那为什么我要停下脚步？”

“因为你一直很喜欢我呀。”她说，“多年后不期而遇，你难道不会停下脚步吗？”

“好。”我问，“又惊又喜、不能说话、停下脚步，然后呢？”

“你发现我完全认不出你，只说了句花好美哦，你并不觉得伤心难过，反而觉得很满足，并相信这将是你这辈子最美丽的记忆。”

“所以我该怎么做？”

“想办法用表情或肢体动作，表现出这种复杂的心情。”

“你把我当奥斯卡最佳男主角吗？”

“这样吧。”她说，“你原先是又惊又喜，但发现我不认识你，你的表情显得有些失落，然后慢慢恢复正常。你始终注视着我的背影，背影消失后，你转头看着身旁的栀子花，最后嘴角扬起一抹微笑。”

“这……”

“再来一次。”她说。

我只好就定位，心里默念所有表情和动作的顺序。

“花好美哦。”她说。

擦肩而过时，又惊又喜，停下脚步。

然后默默注视她的背影，表情由失落慢慢恢复正常。

她越走越远，直到看不见她的背影，我再转头看着那一排栀子花，最后嘴角扬起一抹微笑。

“怎么样？”她从远处跑回来。

“我的表情多样而不重复、内敛而不浮夸，应该可以去当演员了。”

“那就好。”她笑了笑，我们又在原处坐下。

“为什么要演这场戏？”

“想给你今生最美丽的记忆呀。”

“最美丽的记忆？”

她从随身携带的小包包里拿出一张粉红色卡片，递给我。

这张卡片上方还打了个小圆洞，我只看了一眼，便大吃一惊，并同时混杂了讶异、疑惑、兴奋、尴尬、害羞等表情。

“你的表情果然是多样而不重复、内敛而不浮夸。”她笑了笑。

“这……这张卡片……”我竟然结巴。

“所以我刚刚才说，你早已送过我情人节礼物了。”

她说高中时她家就在公交车终点站，那年情人节爱情留言活动期间，她下车前都会花些时间看看那些爱情留言卡。

当她凑巧看到我写的卡片时，便拜托司机给她。

“我说这张卡片是写给我的。”她说。

他笑了笑，没多说什么，便将这张卡片给她。

“原本只想保留这张卡片当作自己的美丽记忆，没想到我们却在去年栀子花开时重逢了。那时我心想，或许在某年栀子花盛开的季节，可以营造卡片写的情景。”她笑了笑，“当你说我是你的阿尼玛，我就决定在今年5月让情景成真。不过最难找的场景是开满栀子花的山坡，我问了很多人、找了很多地方，才找到这里呢。”

我想开口说些什么，但因感动而说不出话来，也不知道要说什么。

“蔡修齐。”

“嗯？”

“即使我说你是我的阿尼姆斯，也只能代表你是我最喜欢的人之一。可是你真的是我最喜欢的人，没有之一，真的没有之一哦，你就是我最喜欢的人。”

我脑海里莫名其妙响起《Oh My Little Girl》的旋律和歌声。

我突然有一股冲动，想学尾崎丰唱这首歌给她听。

“我唱首歌给你听。”

“好呀。”她说，“什么歌？”

“《Oh My Little Girl》。”我说，“本想送你这张专辑当生日礼物。”

“没错。唱给我听，就不用买来送我了。”

“我……”

“开玩笑的。”她笑了，“这张专辑我早买了。唱吧。”

“我刚刚太冲动了，请你忘掉这件事吧。”我怯场了。

“身为你的阿尼玛，我命令你唱。”

这两个礼拜来我反复听了上百遍，这首歌我几乎可以朗朗上口。

我当然无法跟尾崎丰的原唱相比，何况没有音乐伴奏，只能清唱。

还好参加过合唱比赛，练过男低音，因此唱得不算难听。

“唱得不错哦。”我唱完后，她拍拍手。

“记得歌词的最后一句吗？”

“いつまでも，いつまでも，离れないと誓うんだ。”

“那你知道是什么意思吗？”

“我发誓永远永远都不分开。”

“可能吗？”

“这种可能性应该是98%。”

“为什么不是100%？”

“因为剩下的2%，1%是世界末日，1%是外星人来袭。”

“不用再走操场三圈了。”

“嗯？”

“如果每年栀子花盛开的季节，我们就来这里赏花闻香、听你唱歌，今天的一切就会是真实的、活生生的感觉，而不再只是美丽的记忆而已。我相信只要我们在这里看到栀子花开、闻到栀子花香，那么这种感觉就会一直存在，不会褪色，也不会变淡，更不会消失。”

“那么每年栀子花的花季，我们就一起坐公交车来这里看栀子花吧。”

“嗯。”她笑了起来，“一定哦。”

栀子花香气随着她的笑容扩散开来，原来她才是最芳香的栀子花。

我20岁的人生像白开水一样，虽然平淡，但很健康。

只因认识栀子花女孩，我才沸腾。

淡蓝的天、橙色的阳光、温和的风、眼前散发青春气息的女孩。

这是我的栀子花女孩，我打从心底深深地觉得，我真的喜欢她。

深深的、深深的，深不可测。

她就是我的阿尼玛。

~ The End ~

写在《阿尼玛》之后

《阿尼玛》这本书十几万字，断断续续写了11个月。

与之前的写作经验相比，这次的写作条件比较严苛。

我不再有很长一段空闲的时间可以写（比方寒暑假），我只能每天抽点时间，一点一滴写完。

开始动笔是2012年6月，距离上一本2010年10月出版的《蝙蝠》，已经超过一年半。这期间我一个字也没写。

并非没有写作的念头，只因教书的工作兼了行政职而力不从心。

但去年6月发生了一些事，我便下定决心提笔，再贯彻意志写完。

至于发生什么事，那就是另外的故事了。

原本想先写篇三万字小说热身，然后再写篇十万字小说。

《阿尼玛》的第一章其实就是那篇三万字小说的雏形。

后来觉得这几年已写了好几篇三万字小说，如果再加上这一篇，而且万一不幸又写得很好，搞不好你从此会改叫我“三万蔡”。

所以我决定写长，把预计之后写的十万字小说纳入结构，最后长成《阿尼玛》。

多年以前听朋友提起她高中放学时坐公交车回家的往事。

她说在公交车上，坐着的学生会主动帮站着的学生拿书包，即使彼此来自不同学校而且根本互不相识。

我听完后觉得很温馨，很想为此写篇故事，但直到今天才完成。

也许现在的学生会觉得那是天方夜谭，根本是说谎，但很遗憾，这是真实的事，不是为了使社会祥和而编织出的神话。

至于原先构想的十万字小说，主要以20世纪80年代末的大学生活为背景。

虽然之前写的小说常提及大学生活，但这篇偏重在“社团”方面，这是以前很少碰触的东西。

《阿尼玛》的时间轴为1992至1994年，比原先的设定晚了几年。

而且本来会拉长至1999年，但最后停在1994年5月。

剩下的部分，有缘的话再以另一个故事呈现。

我念大一时，班上有五十几位男同学，但只有两位女同学。

某次我睡过头没去参加的班会中，有位女同学提名我当公关，我因而担任大一下学期班上的公关。

至于她为什么要提名我，到现在一直是个谜。

她和我几乎没有任何交集，也不算熟，彼此只知道是同学关系。

我猜想她也许只是不爽我没来开班会，于是就给我一个教训而已。

总之我没问她为什么提名我，只是默默接受必须当公关的残酷事实。

第一次约女孩子联谊，对方就告诉我端午节过后才有空。

当时挫折感很重，之后回想起来却觉得她很幽默。

第二次约的是校外女孩，在快餐店碰面讨论。

一坐下她便说，她对活动形式和地点没意见，因为女生只负责玩，所有的一切由男生去打点，而且女生交的钱要比男生少100块。

那时的我年轻气盛，一句话都没说，掉头就走。

对不高、不帅、个性内向、不太会说话的我而言，当公关其实很怪。

就像我们会觉得大猩猩很适合当保镖，但看到猴子当保镖就觉得怪。

因为担任公关，不得不主动接触一些陌生的女孩。

有的和善亲切，有的趾高气扬，有的美丽大方，有的营养不良。

对我来说，都是难得的经验，让我学习到尊重、包容与沟通。

《阿尼玛》提到荣格分析心理学的一些皮毛，我其实是戒慎恐惧。

虽然这毕竟只是一部小说，读者不会以较高的标准去审视；但对我而言，我绝不会因为写的是小说而随意卖弄大师的理论。

可惜个人学养不精，书中所言或许有谬误之处，只好请你包涵。

如同之前的写作经验，《阿尼玛》的写作期间也发生一些不好的事。

比方计算机荧幕在完稿前三天突然坏掉、备份的随身碟突然无法读取。

不过这些跟小皮的死亡相比，根本微不足道。

小皮的死对我而言冲击很大，以致写完《阿尼玛》要再写这篇后记时，脑袋几乎一片空白，不知道该写什么。

今年3月初的某个夜晚，小皮吐了一地。

原以为可能只是吃坏肚子，但之后连续两天不吃不喝、全身瘫软。

我急忙抱着它求医，做了检查后，肝功能和白血球指数飙高，而且腹腔疑似有颗肿瘤。

医生说小皮13岁了，希望我要有心理准备。

我让小皮住院一星期，我每天去看它时，感觉它都有好一点点。

最后甚至已经可以站起身对我摇尾巴，不像刚住院时的浑身无力。

但白血球指数依然居高不下，而且完全不进食，只靠灌食和打点滴。

我试着拿些饲料给它，没想到它竟然吃了几口。

医生让我带它回家观察看看，可以进食的话状况就不至于太差，不过要按时回诊，检查白血球指数。

可能是被关在医院太久了，回家后的小皮精神很好，而且食量也渐渐恢复，我一度以为小皮已经痊愈。

但两个星期后，小皮又全身瘫软，不再进食。

它维持瘫软的状态整整一天后，突然挣扎着起身，拖着脚步，打开阳台的纱门，到阳台排泄。

排泄完后，气力放尽，再度瘫软，无法走回客厅。

我抱着它走回客厅，它依然全身瘫软在地，动也不动，像是狗布偶。

我怀疑它甚至连眼睛都没眨。

小皮，我知道你累了。如果休息够了，就起来好吗?

因为不想弄脏家里，小皮生前最后的一丝力气，就用在挣扎着起身，拖着脚步走到阳台，打开阳台的纱门。

而这也是我所看到的，小皮最后的身影。

第二次抱着它求医，我已做好心理准备，小皮应该也是。

它看着我的眼神，似乎是告诉我，它该走了。

医生检查的结果显示，胸腔已布满大小不等的肿瘤。

我做了安乐死的决定，然后火化遗体，骨灰撒在土里当作花肥。

我心想将来我死后，这样的处理应该也可以。

4月1号愚人节当晚，我离开学校后直接到医院。

医生告诉我，小皮下午时走得很安详、没有痛苦，后事也处理好了。

我说了声谢谢，付了所有费用，匆匆离开医院。

从医院回家，只要经过两个红绿灯，我想我应该可以做到。

但过了第一个红绿灯，我就几乎看不到路。

把车停在路边，眼泪扑簌簌流下来，止也止不住。

勉强回家后，我以为眼泪应该流干了，便坐下来吃晚饭。

“小皮的事处理好了。医生说小皮走得很安详。”我说。

“这样也好。小皮那么老了，也该回去了。”

“可是……”

可是小皮死了啊。

这13年来陪着我走过所有欢笑悲伤崎岖挫折的小皮死了啊。

才刚扒拉了一口饭，以为早已流干的眼泪又开始拼命掉。

泪水顺着脸颊滑到嘴边，最后流进碗里。

小皮死后一天内，我把它的碗、狗链等所有物品全部丢掉，让家里不再有任何小皮的东西或是可以让人想起小皮的东西。

刚开始的一星期很不习惯，出门前没有它欢送、回家后没有它迎接。

饭后会想到该带它出去散步了，半夜会想到它碗里的水是否空了。

这13年来，每当我写东西时，小皮总会安静地趴在脚下陪着我。

我常边打字边用脚掌抚摸它的身体。

当我困了，起身要到床上睡觉时，通常已是很深的夜。

小皮也会随后起身，摇摇晃晃走回它的位置继续睡觉。

如果我将来还写东西，那我得先习惯没有小皮趴在脚下。

我一定做了很多心理建设，也一定尽了全力让自己的意志更坚强。

所以我仍然可以坐在计算机前，专心写《阿尼玛》。

只剩最后一小段路，我一定要独力走完。

我持续这种状态达一个月，似乎已走出小皮去世的阴霾。

终于打完《阿尼玛》的最后一个字，我兴奋地叫了声：小皮，同时低头弯腰想紧紧抱住小皮。

然而桌子下面空荡荡，完全不见小皮的踪影。

我突然悲从中来，泪水窜出眼眶，一颗颗滴落在键盘上。

蔡智恒

2013年5月　于台南